每个青少年都应该读的

中国历史故事

彭娇妍◎著

元朝

辽宁人民出版社

© 彭娇妍　2019

图书在版编目（CIP）数据

每个青少年都应该读的中国历史故事 . 元朝 / 彭娇
妍著 . — 沈阳 : 辽宁人民出版社 , 2019.7
　ISBN 978-7-205-09578-9

　Ⅰ . ①每… Ⅱ . ①彭… Ⅲ . ①中国历史—元代—青少
年读物 Ⅳ . ① K209

中国版本图书馆 CIP 数据核字 (2019) 第 070996 号

出版发行：辽宁人民出版社
　　　　　地址：沈阳市和平区十一纬路 25 号　邮编：110003
　　　　　电话：024-23284321（邮　购）　024-23284324（发行部）
　　　　　传真：024-23284191（发行部）　024-23284304（办公室）
　　　　　http://www.lnpph.com.cn
印　　刷：北京海石通印刷有限公司
幅面尺寸：145mm×210mm
印　　张：7.5
字　　数：132 千字
出版时间：2019 年 7 月第 1 版
印刷时间：2019 年 7 月第 1 次印刷
责任编辑：赵维宁
装帧设计：末末美书
责任校对：郑　佳
书　　号：ISBN 978-7-205-09578-9
定　　价：32.00 元

目录

元朝

元 朝

一代天骄的崛起之路

　　九岁失去父亲，又被族人抛弃，他只能和母亲、弟弟妹妹们艰难求生。但他没有灰心，始终牢记着自己的英雄父亲，始终以恢复部族地位为目标。他凭借着勇气和智慧，最终夺回了部族首领的地位，踏上了统一草原的征程。他就是铁木真——一代天骄成吉思汗。

失父少年

　　关于蒙古人的起源，有一个玄奇的传说：有一只苍色的狼，名叫孛儿帖赤那。他奉天命降生到人间，却爱上了一头名叫豁埃马阑勒的白色母鹿。他们生活在斡难河①源头的不儿罕山下，

────────────

①斡难河：斡，wò。斡难河，也称鄂伦河、鄂诺河或敖嫩河。古称黑水为黑龙江上游之一，发源于蒙古小肯特山东麓，是蒙古部族的发祥地。

并生下了一个名叫巴塔赤罕的人，这个人就是蒙古人的祖先。这只苍狼的第十二代后人叫孛端察儿，也就是铁木真的祖先。

铁木真出生的时候，草原上有塔塔儿部、泰赤乌部、克烈部、乃蛮部和蔑儿乞部五大部落和其他十几个部落、氏族。他的父亲也速该是其中之一的乞颜部的首领，是一个骁勇善战的草原英雄，曾经获得过"把那秃儿"①的称号。

塔塔儿部和蒙古部之间有世仇，因为塔塔儿人害死了铁木真的曾祖父俺巴孩。为此，接任俺巴孩汗位的忽图剌一共对塔塔儿人进行了十三次复仇战争，铁木真的父亲也速该也参与了复仇战。也速该英勇善战，所以很快就在族人中崭露头角。

有一天，也速该抓到了一个名叫铁木真兀格的塔塔儿勇士，正好这时候，也速该的妻子诃②额仑为他生下一个儿子。草原人是最敬重英雄的，所以也速该给自己的儿子起名叫铁木真。

铁木真九岁的时候，按照蒙古人的传统，该物色将来的妻子了。他们实行族外通婚，所以也速该带着铁木真来到弘吉剌部的斡勒忽讷兀惕氏族向特薛禅求亲。特薛禅有一个十岁的女儿，名叫孛儿帖，特薛禅把女儿许给了铁木真。按照蒙古人的规矩，铁木真要在岳父家里住一段时间，所以也速该把铁木真留在特薛禅家，

①把那秃儿：指勇士。
②诃：hē。

自己回去了。

回去的路上，也速该遇到一伙塔塔儿人举行宴会。按照习俗，他要留下来和这些人喝酒以表示尊重。可是在酒席上，塔塔儿人认出了也速该的身份，知道也速该杀了他们很多族人，于是他们暗地里在食物中下毒，毒死了也速该。因此，年幼的铁木真成了一个没有父亲的孩子。

泰赤乌人的复仇

也速该是乞颜部的首领，其他蒙古部族也在也速该的带领下以乞颜部为尊。但是也速该一死，泰赤乌人就按捺不住了。他们先是在祭祀上故意忽略铁木真母子，然后又不按族规分发祭肉给也速该的妻子诃额仑。这对诃额仑来说是极大的羞辱，因为她的身份是首领的妻子。

她生气地说道："也速该尸骨未寒，你们就这样对待他的妻子和儿子，难道你们认为他的儿子不会长大吗？还是说你们想要就此抛下我们母子？"

泰赤乌人果然抛弃了他们，把他们留在斡难河边。诃额仑是一个十分坚强的女人，她带着也速该的六个儿子和一个女儿，在没有牛羊、马匹等财产的情况下，在斡难河边艰难求生。他们只

能靠捕鱼、抓野兔和草原鼠为生。

四五年后，铁木真长大了，泰赤乌人又回来了。不过，他们不是因为心怀愧疚来接诃额仑母子的，而是回来抓捕铁木真。因为他们始终记得也速该的英勇善战，并且担心铁木真将来也和也速该一样勇猛，担心铁木真长大以后会找他们报仇。所以他们想趁着铁木真还没有成长起来，先把他给杀了。

铁木真在弟弟的帮助下逃走了，但是一个十四五岁的孩子，没有粮食，没有马匹，又能走多远呢? 所以他很快就被泰赤乌人抓住了。泰赤乌人把他关了起来，每天派人看着他。有一天，他趁看守的人没注意，用木枷打晕看守，然后逃了出来。可惜，还没等他走远，泰赤乌人就发现了，所有人都举着火把出来找他。

铁木真连忙躲到河里，只露出鼻孔呼吸，即便这样，还是被一个叫作琐儿罕失剌的人发现了。幸好琐儿罕失剌的心是向着乞颜部的，他假装没看到铁木真，然后用只有铁木真才能听见的声音说："不要动，我不会让你被抓住的。"

在琐儿罕失剌的帮助下，铁木真从泰赤乌人的追捕中逃了出来，并回家找到母亲和弟弟妹妹，一家人离开了斡难河。

求助王罕

铁木真和母亲一起把家搬到了肯特山，一家人在这里安安心心地住了下来。没过几年，铁木真就到了要娶妻的年龄。

铁木真来到特薛禅的家里，想要履行自己的婚约，特薛禅看到高大威猛的铁木真，心里很喜欢，便同意让妻子亲自将女儿孛儿帖送到铁木真家里。孛儿帖还带了一件黑貂皮大衣作为嫁妆，送给铁木真的母亲诃额仑。

娶妻成家后的铁木真更加成熟稳重，有了妻子氏族的帮助，他要恢复家族地位的机会到了。不过在这之前，他还要去见一个人，这个人就是克烈部的王罕。

王罕本名叫脱斡邻勒，他的父亲死后，他为夺取汗位杀了自己的两个弟弟，但是却被叔叔和另外一个弟弟给驱逐了。脱斡邻勒带着一百来号人向铁木真的父亲也速该求助，也速该帮他打败了敌人，恢复了汗位，两人因此结成"安答"，也就是生死朋友。脱斡邻勒曾经协助金人镇压塔塔儿部的叛乱，被金国封为王，所以称为王罕。

王罕见到铁木真后十分高兴，答应帮助铁木真找回乞颜部的旧部，恢复他们部族的地位。铁木真从王罕那里回来之后，才发现自己的新婚妻子孛儿帖被蔑儿乞人抢走了。

这源于蒙古人的抢婚风俗，当年，铁木真的父亲也速该抢走了蔑儿乞人的新娘诃额仑；现在，蔑儿乞人得知也速该的儿子娶妻了，就来抢婚报仇。

　　铁木真大怒，他向王罕求助，又向自己的安答——札答兰部的札木合借兵。经过几个月的准备，乞颜部、克烈部和札答兰部一起进攻蔑儿乞人，成功夺回了铁木真的妻子孛儿帖。铁木真还掠得大量的财物，他的声名也因此远播，使越来越多的人来追随。

　　于是，铁木真踏上了统一蒙古草原的征程。

孛端察儿的传说

孛端察儿是铁木真的祖先，他的出生也有一个传说。

传说，孛端察儿的母亲叫作阿兰果火，她原本已经生了两个儿子。丈夫死后，有一天晚上，她梦见一个金色的神人来到她的卧榻旁，第二天她就生下了孛端察儿。

阿兰果火死后，几个儿子分家。孛端察儿没有和哥哥们争家产，只要了一匹青白马，骑着马就走了。他一个人在草原上和苍鹰、恶狼做斗争，抢夺它们的猎物。后来，在二哥的帮助下，孛端察儿降伏了一批迁徙而来的牧民，建立起了自己的部族，这才慢慢发展起来。

十三翼之战

12世纪末，在铁木真的领导下，蒙古乞颜部迅速发展壮大，从而引起札答兰①部首领札木合的强烈不满。札木合借口自己的人被铁木真的人所杀，联合泰赤乌等十三部共三万人进攻铁木真。铁木真则将自己所属的三万人分为十三翼，与札答兰部大战于答兰巴勒主惕。铁木真虽然失败了，但是得到了人心，势力得以迅速恢复和壮大。

战争导火索

蒙古部的草原上，札只剌惕部、克烈亦惕部和塔塔儿部这几大势力都积极采取各种手段，吞并各个小势力以壮大自

①札答兰：据《蒙古秘史》载，成吉思汗十世祖孛端察儿掳来一孕妇为妻，不久生一子，因其有外血统，取名札只剌岱。由札只剌岱组成了札答兰氏族，其后人则以札答兰为姓氏。

己，为未来积蓄实力。铁木真所在部落的部众，也由最初的万余人，达到了三四万人，比他父亲也速该在世的时候更加兴旺繁荣。

当时，铁木真的部下有一个名叫术赤答儿马剌的牧马人。他的牧场和札木合的弟弟给①察儿的牧场相邻，两人放牧时经常因为一点鸡毛蒜皮的小事而争吵。公元1193年秋天的一个早晨，术赤答儿马剌发现自己最好的十几匹马不见了。

术赤答儿马剌沿着盗马贼留下的蹄印一路追踪，发现是给察儿偷走的。于是，术赤答儿马剌悄悄地接近给察儿的营帐，果然发现给察儿正与几个下人对着偷来的马匹又说又笑，样子还无比得意。

术赤答儿马剌气愤不已，便一箭射去，给察儿当场毙命。这一箭，也拉开了草原争霸战的帷幕。

札木合随即向四面八方派遣使者，还约了塔塔儿部和泰赤乌部，以及邻近各个部落，共十三个部落。他们率领三万军队，气势汹汹地朝铁木真的部落发起进攻。在这其中，塔塔儿、泰赤乌两个部落和铁木真的部落世代都是仇敌。

①给：dài。

出兵迎战

铁木真得知消息后，方寸大乱，但也不敢有丝毫怠慢，便急忙召集部众把所有的家族成员、随从、奴隶全部编入军队整装出发。他把三万多人分作十三个支队，号称十三翼。在这十三翼中，第一翼是铁木真的母亲诃额仑统领的亲族、属民和属于她自己的奴仆；第二翼是铁木真直属的部众，包括他的护卫军，是全军的主力；第三翼至第十一翼是乞颜部各贵族所率领的族人和属民；第十二、十三翼来自各附属蒙古的其他支系。铁木真以三万人抵抗敌人，用十三翼之军抵抗敌人十三个部落的人马。

铁木真率领大军到了巴勒朱思大草原，敌军也已经翻越山岭迎面冲来，两军很快就杀成一团。札木合来势凶猛，铁木真的军队渐渐支撑不住。

铁木真见情况不妙，只得一边抵挡一边撤退。没想到札木合却紧追不舍，一直把铁木真的军队逼到斡难河岸边。

铁木真的大军一路撤退到哲列山谷中，由博尔术堵住山谷入口。大军清点人数，伤亡十分惨重。

虽败犹荣

铁木真的大军全部撤入哲列谷口后，铁木真命令军队保持完整的队形在谷口布防。他用先期撤入谷中的部民们砍伐好的大树将谷口完全封闭起来，作为防御屏障，后命令损失较大的部队就地休息整编，部落中的老弱妇女们，则积极配合部队救治负伤的士兵。

铁木真直属部队充分贯彻了预定的战争意图，所以几乎没有受到任何损失。但打先锋的主儿乞等部却损失惨重，几乎溃不成军。

将领之中，阿勒坛、答里台、撒察也都负了伤。这也正好符合铁木真最初设计的借敌人之手铲除异己的目的。紧随其后的扎木合军由于沼泽地形限制了追击速度，给了铁木真的部队从容布防的时间。

札木合的大军到达后，双方交战数日，却因为谷口地势狭窄，部队无法展开，只能撤兵。

此后，铁木真的部队在强大的札达兰部骑兵的冲击下损失惨重，各个翼都受到不同程度的蹂躏。尤其是作为先锋的主儿乞部，伤亡殆尽，几乎全面崩溃。

但是，两军却依然这样僵持着，直到过了三天三夜，札木合部队的士兵开始变得心浮气躁。札木合为了震慑谷中的守军，便令人在谷口前的空地上摆了七十口大锅，将前几天交战过程中捉到的俘虏全部杀死，并丢入锅里煮成肉酱，还令自己的人摆宴食用。后来，又将不幸在阵前被俘的捏兀歹部首领察合兀阿绑到阵前斩首，然后将人头绑在马腿上，令人骑着马来回拖，直到人头变得稀烂，看不出原来的模样才罢休。

不过，札木合的这种做法非但没有吓住铁木真的部队，反而激起了全体守军的愤怒。大家同仇敌忾，对札木合的抵抗也更加卖力了。而且那些被札木合强令吃下俘虏肉酱的各部首领们，对札木合的这种残暴行径同样心怀不满。对铁木真而言，札木合手下将士们的这种厌恶情绪，给他带来了意想不到的收获。

札木合的部队士气低迷，而且还有相当一部分人抵制他，所以札木合希望凭此战一举吞掉铁木真的计划最终宣告破裂。札木合虽然不甘心，但也不得不下令退兵。

十三翼之战结束后，铁木真虽然败了，但是由于他善于争取人心，致使札木合的部众纷纷叛附，铁木真的部队反而更加壮大。

铁木真大汗的行营

公元 1202 年，日渐强大的铁木真打败了札木合的联军，又消灭了泰赤乌部，为了替祖父和父亲报仇，铁木真决定把生活在呼伦湖畔的塔塔儿残部彻底消灭。

为了赢得这场战争的胜利，铁木真把大队人马驻扎在水草丰美的二子湖畔，并在那里进行了严格的训练。

决战的前一天，铁木真在二子湖畔设立祭坛，摆上各种供品祭祀上天保佑将士们旗开得胜。就在这时，二子湖突然波涛翻滚，把一个洁白的大海螺掀到了铁木真的脚下。

铁木真俯身拾起海螺轻轻一吹，海螺便发出"嗡嗡"的响声，雄浑的声音几乎传遍整个草原。于是，铁木真就把海螺当作军号，举兵杀向呼伦湖畔。

经过激战，铁木真终于消灭了塔塔儿残部。如今，俄罗斯阿巴该图镇，还保留着当年铁木真大汗行营的原貌。

铁木真征服乃蛮部

乃蛮部是草原上的一支庞大力量，也是铁木真统一草原的巨大障碍。之前被铁木真打残的其他各部族都想对铁木真进行复仇，所以这些部族来到乃蛮部，想要集合所有力量来和铁木真对抗。那么，他们的计划能成功吗？

两军蓄势

铁木真占领克烈亦特后，蒙古便与乃蛮接壤。因乃蛮民众反对铁木真的更多，所以篾尔奇特的脱黑脱阿、克烈亦特的阿邻太师、斡亦剌的忽图合别乞、札答兰的札木合，以及朵尔边、塔塔儿、合塔斤、撒勒只兀特诸部都聚集到乃蛮太阳汗①处，力图消灭铁木真。

太阳汗主张出兵，可是太阳汗的部将可克薛兀·撒卜里黑等人却

①太阳汗：原名拜不花，乃蛮人音讹为"太阳汗"，源于辽金时对漠北游牧民族首领"大王"的封号，又译称"太阳罕""塔阳汗""太阳可汗"等，是乃蛮部首领。

反对。他们认为太阳汗年幼，没有指挥才能，也无其他的技能，至于出兵铁木真，更是枉然。此外，札木合等人也与太阳汗不同心，他们只是想利用乃蛮的势力消灭铁木真而已。而汪古部与乃蛮部有姻亲关系，太阳汗想利用这一层关系，便派使臣约汪古部共同讨伐铁木真。汪古部首领阿刺忽失十分清楚铁木真在力量上的优势，因此，他不但没有接受太阳汗的盟约，还将太阳汗的使者囚禁起来，向铁木真报告了此事。

铁木真则在帖篾延客额尔围猎处接见了汪古部首领派来的使臣，还在使臣返回时赠送牛马，与汪古部结盟，准备共同讨伐乃蛮部。

随后，铁木真又在帖篾延客额尔围猎处召集大会，与众臣共商出兵的策略。当时，铁木真的众臣以冬天刚过马匹还很瘦、不宜出征为由拒绝出师。但铁木真的弟弟斡赤斤和别勒古台却支持哥哥铁木真，主张立即进攻乃蛮。

瘦马之计

在弟弟斡赤斤的支持下，铁木真将军队集合于哈拉哈河的客勒贴该合答，并在那里制定军制、颁布军令。

军制按千、百、十组织，委派千夫长、百夫长和十夫长统率军队，组建了一支由七十散班、八十宿卫组成的怯薛兵，委任六个扯尔必官，分掌六班宿卫，令斡歌列、忽都思合勒潺二人分管护卫散班，后又命阿尔孩合撒尔选拔千名勇士，组成先头部队。

公元1204年四月十六日，铁木真以哲别、忽必来二将为先锋，祭旗出师，沿克鲁伦河逆行西上。

先锋部队首先到达撒阿里客额尔，铁木真接受朵戴车尔毕提出的建议，故意放一匹瘦马跑到太阳汗的营帐里，同时又令人在休息地分别点起五个火堆，以引起太阳汗的注意。

不久，这些火堆果然被乃蛮的哨兵发现，并报告给太阳汗。

当时太阳汗驻扎在杭爱山合池尔水边，已经得知铁木真的人马布满撒阿里客额尔，并且每天都在增加。但太阳汗认为铁木真军队的马匹都很瘦弱，应该把他们引诱进来，再一举歼灭。

太阳汗的儿子古出鲁克则认为，太阳汗征战在外，帐中无人，不能贸然行动，不如令太阳汗的继母古尔别速坐镇指挥。

这个建议遭到了部将豁里速别赤等人的强烈反对，古出鲁克只好率五万余士兵向铁木真的军队发起进攻。他们自合池尔水出发，沿塔米尔河渡过斡尔浑，到达纳忽昆的东边。

步步为营

铁木真亲自率兵抵抗，并令弟弟合撒尔指挥主力军，斡赤斤则掌管后援军马。其余四员大将忽必来、者勒篾、哲别、速不台率部冲击，把乃蛮的部队一直逼到纳忽昆前的大本营。

太阳汗见铁木真势力强劲，也甚感畏惧，便向札木合询问各队将领的情况。太阳汗得知自己兵少力弱的实情后，更不敢迎战了，就开始一步一步地往后退。而札木合见铁木真的军队军容整肃，也不战而逃。

铁木真的先锋部队把乃蛮军逼到纳忽昆山前后，兀鲁兀特部和忙兀特部赶来，从两边包抄，其主力一直冲到乃蛮军的大本营，将乃蛮军逼近两边山势陡峭的山谷里。当天夜里，乃蛮军被铁木真的军队层层包围，本想突围，可由于天色漆黑，从山崖上掉下来摔死的不计其数。

第二天，剩余的乃蛮军纷纷投降。朵尔边、塔塔儿、合塔斤、撒勒只兀特诸部投降铁木真；札木合和篾尔奇特的脱黑脱阿、答亦尔兀孙带领少数人逃走；太阳汗负重伤而死；豁里速别赤则在顽强抵抗中阵亡。

此后，太阳汗的继母古尔别速和大臣塔塔统阿被俘。古尔别速被铁木真纳为妃子，塔塔统阿则到铁木真手下效力。太阳汗的儿子古出鲁克逃往北乃蛮，投靠了叔父布亦鲁黑汗。脱黑脱阿及其儿子等人也逃往北乃蛮。答亦尔兀孙率部投降，不得不将女儿忽兰献给铁木真。

至此，南乃蛮被铁木真的军队全部占领。

"铁木真"名字的由来

传说铁木真出生时，手中拿着一个在蒙古人看来寓意着天降掌握生杀大权的"血块"。

恰巧，铁木真的父亲也速该正好俘虏了一名属于塔塔儿部族的名为铁木真兀格的勇士。

按照当时蒙古人的信仰，在抓到敌对部落的勇士时，如果正好有婴儿出生，那么该勇士的勇气将会转移到新出生的婴儿身上。

所以，也速该便给刚出生的儿子取了这样一个名字，"铁木真"的名字也由此而来。

蒙金之战

蒙金之战是 13 世纪女真族与蒙古族之间的一场战争。这场战争始于成吉思汗公元 1211 年侵金，结束于窝阔台公元 1234 年灭金，前后共计二十三年，是世界史上著名的小国崛起、以少胜多的战争之一。

初败金国

公元 1211 年二月，成吉思汗亲自率军自怯绿连河南下，派先锋哲别率轻骑兵到金国西北边境侦察地形。四月，金帝闻蒙古军来袭，派使臣乞和不成，又命平章政事独吉思忠、参知政事完颜承裕领兵抵御入侵的蒙古军。

同年秋天，完颜永济集结金国四十五万主力军队，与蒙古十万军队在野狐岭展开一场大决战。大战中，蒙古大将木华黎率敢死队在前冲杀，成吉思汗率主力跟进，金军溃退至会河堡。

蒙古铁骑一路追击，经过三天的激战，金军精锐基本损失殆尽。蒙古军在今河北、山西北部地区掳掠了大批人口、牲畜和财物后撤军。

公元 1212 年，金千户耶律留哥在辽东起兵叛金，成吉思汗派部将与其结好并遣兵应援，金军多次被击败。

当年秋天，蒙古军第二次攻打金国。成吉思汗率主力围攻西京，以围城打援的策略在西京东北密谷口设伏，歼灭了金元帅左都监奥屯襄率领的援兵。不过在攻城时，成吉思汗中箭，不得不下令撤退。

金国南迁

公元 1214 年，金宣宗害怕蒙古军再次进攻中都，下令迁都南京。次月，护从金宣宗的糺军①在良乡一带兵变，推举斫②答为帅后投降蒙古。

成吉思汗乘金宣宗迁都、金国内部人心浮动的时候，命令部将三摸合拔都、石抹明安等率军在汉族将领王裁的引导下从古北口入

---

①糺军：糺，jiǔ。糺军，辽金以边地部落组成的军队。
②斫：zhuó。

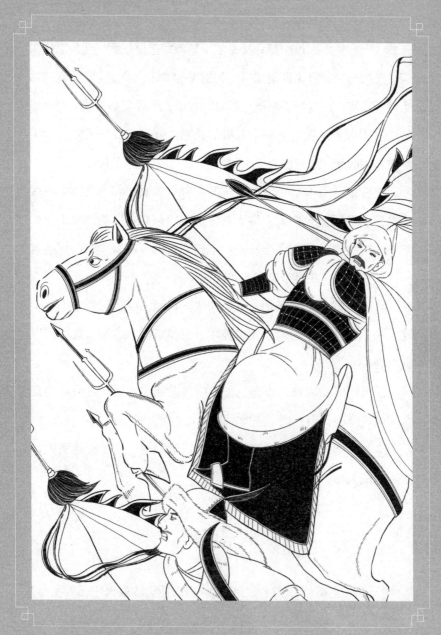

长城，会合糺军围攻中都；又命木华黎率军进攻辽西、辽东以作策应。三摸合拔都等采取围城打援和招降的策略，迫使金右副元帅蒲察斤等投降，同时还切断调运粮食的水道，歼灭了其他地方前来增援的兵力以及运粮队，使中都粮尽援绝。公元1215年五月，金中都主帅完颜承晖服毒自杀，副帅抹捻尽忠潜逃，余众投降。

蒙古军占领中都，成吉思汗下令将中都城府库的财物运往蒙古草原，随后又允许蒙古将士入城抢劫。在蒙古军的劫掠下，中都城中的大火一连烧了十几天都不曾熄灭，一座繁华的都城陷入一片火海之中，由此变成了废墟。

随后，蒙古攻略河北、山东等地。其间，成吉思汗采纳部将唵木海的建议，学习中原先进技术，组建了蒙古炮军，攻城时以炮石为先。

鉴于短时间内难以灭金，于是成吉思汗决定留一部分兵力在金国境内作战，自己则率主力返回漠北休整。

这一时期，蒙古骑兵在长城内外纵横驰骋，金军接连失败，士兵精锐大减，金国只剩下半壁江山。

联宋灭金

公元1227年，正在进攻西夏的成吉思汗见西夏灭亡已成定局，

便挥师进入金国境内,一连攻破临洮 ①等数个地方。同年七月,成
吉思汗病逝于清水县(今属甘肃),他的第三个儿子窝阔台继承
了汗位。

窝阔台继位后,遵照成吉思汗的遗命,继续进攻金国,蒙金
战争由此进入了下一个阶段。

公元 1230 年正月,金军在大昌原破蒙古军八千人。窝阔台决
定亲征,并立炮四百座攻破要地凤翔,为绕道宋境、迂回攻金建
立了基地。

五月,窝阔台召集众将商议灭金战略,计划兵分三路合围汴京,
消灭金国。这年秋天,蒙古军兵分三路出师:东面牵制金军;中
路由窝阔台亲率,从白坡南渡黄河,正面威逼南京;西路为主力,
由拖雷率领,从凤翔南下直入陕南,再顺汉水东进过天险饶凤关,
在均州一带北渡汉水进兵河南腹地,从侧后方威逼南京。

公元 1232 年,金哀宗急调黄河沿岸守军二十万在禹山一带阻
击。拖雷率兵四万多人避开金援兵北上,于金援兵必经之地钧州
西南三峰山一带设伏,并以三千轻骑诱金主力入瓮。

金援兵尾随蒙古轻骑且战且行,加上连降大雪,路上泥泞不堪,
援兵一连三日得不到休息和饮食,人马疲惫,战斗力锐减。

拖雷乘机从三方合围,故意给金兵留了一条虚路,用不足

①临洮:洮,táo。临洮,今隶属甘肃省定西市。

五万的兵力准备在钧州三峰山和金军会战。

金军将士被困在大雪之中，又冷又饿，见蒙古军让开了一条道路，金军主力便向钧州仓皇出逃。埋伏在此的蒙古军一拥而上，一举歼灭了金军十五万精锐，俘获了金帅完颜合达、移剌蒲阿。

潼关金将李平闻讯后投降蒙古，黄河以南十余州均被蒙古军占领。

没过多久，窝阔台又命部将速不台、塔察儿率军三万围攻南京，用数百门炮攻城。守城军民使用震天雷、飞火枪等奋勇抗击，一连激战了十六个昼夜，直到双方死伤惨重，才暂时议和。

到了八月，蒙古军在郑州附近又歼灭金兵十余万人，金军主力已所剩无几。又过了四个月，金哀宗见南京粮尽援绝，只得率少数臣将从亳州逃至蔡州。

公元 1233 年，蒙古与南宋达成联兵灭金的协定，塔察儿率领蒙古军，孟珙率领宋军，分道进攻蔡州。

宋蒙联军协力围困蔡州，内防金兵突围，外阻金兵入援。蔡州被困三个月，终因弹尽粮绝被宋蒙联军攻陷，金哀宗自杀，金末帝完颜承麟被杀，金国由此灭亡。

元朝军队的武器种类

元朝军队使用的武器可分为冷兵器和火器两大类。

冷兵器的种类有很多：长杆兵器有枪、长柄刀、扑把等；短柄兵器有刀、剑、斧等；射远兵器有弓、弩、炮等；防护装具有盔甲和盾牌等。

火器在当时发展很快，在作战中也起到了相当大的作用。蒙古军西征时，经常使用火油筒；对南宋作战时大规模使用火炮；对日本作战时使用的是丁铁火炮。

神射手哲别

　　他曾用一支利箭射中成吉思汗的战马，被俘后差点死在成吉思汗的刀下，却因为成吉思汗的惜才之心被赐予"梅箭镞"①之名，终生为成吉思汗征战天下。在为国捐躯之后，被施以"国葬"，成为忠臣的典范。他就是哲别——草原上的神射手。

哲别的来历

　　哲别是贵族的后代，原来的名字叫只儿豁阿歹，蒙古别速特部人，是托迈力汗的第九个儿子。成吉思汗统一蒙古之前，哲别效力于泰赤乌部的一个名叫秃答的首领麾下。

　　公元1201年，成吉思汗与昔日的安答札木合率领的塔塔儿、

---

①镞：zú。

泰赤乌等十一个部落联军在阔亦田大会战。札木合不敌成吉思汗，别速特部也随之溃散，只儿豁阿歹藏身于山林薮泽^①中。成吉思汗派博尔术骑着自己的战马去追击，无奈博尔术的箭术很差劲，不仅没有杀死只儿豁阿歹，反而被他脱逃了。札木合战败后，泰赤乌部也逐渐衰败，只儿豁阿歹便率领部众投靠了成吉思汗。

成吉思汗见到只儿豁阿歹一行人，便问："阔亦田之战中，是谁从山岭上一箭射断了我战马的颈脊？"只儿豁阿歹应声答道："是我！如果大汗现在要杀我的话，也就血流巴掌大一块儿地方。但若能免我一死，我便与您生死相随，以报答您的恩惠。"

成吉思汗被他的坦诚感动，便将他纳入麾下。后又见他射术高超，便将他的蒙古名字改为"哲别"，意为"梅箭镞"，希望他能像弓箭一样护佑自己。

哲别自跟随成吉思汗之后，始终不忘自己在成吉思汗面前所许下的誓言，不论何时何地都勇当先锋、骁勇善战、屡建奇功。

哲别与速不台、者勒蔑、忽必来一起被称为"蒙古四獒"，是蒙古的开国功臣，也是成吉思汗任命的九十五个千户之一。

---

①薮泽：薮，sǒu。薮泽，指水草茂密的沼泽湖泊地带。

伐金平西辽

公元 1211 年二月，成吉思汗在克鲁伦河畔进行伐金誓师。随后，蒙古大军兵分两路南下。哲别跟随成吉思汗亲自率领的大军，沿着抚州、宣德、居庸关向金中都推进。

同年七月，哲别率领蒙古大军迅速攻占乌月营、乌沙堡两处。金国守军听到远处阵阵的雷声，又见遮天蔽日的旌旗和无数蒙古铁骑朝金国方向疾驰而来。金国守军将士毫无防备，一见来势汹汹的蒙古大军，就吓破了胆，旋即丢盔弃甲，逃往抚州。

在此期间，哲别率军配合成吉思汗的大军，以破竹之势一连攻下数座城池。九月，哲别作为先锋之一带兵逼近居庸关。金军占据山岭关口有利位置坚守，蒙古大军久攻不下，哲别便命全军假装撤退。

金军见蒙古大军撤退，急忙打开城门追赶。哲别立即调转马头，以迅雷不及掩耳之势把金军打得四散溃逃，一举夺下居庸关。

占领居庸关后，哲别率部顺势将金中都团团包围。金国主卫绍王完颜永济誓死抵抗，哲别久攻不下，兵马损失颇大，后又有金礼军前来援助，哲别只能率军离去。撤退时，哲别又率军偷袭金国掌管马政系统的群牧监，带了大批好马返回。这一次偷袭对金军的打击极大，金国从此失去了反攻的能力。

公元 1212 年，哲别带兵再次伐金。金军戒备森严，不利强攻，哲别又采用佯装败退的办法在夜晚带军离去。金军见蒙古大军离去，且正值年底除夕，便放松了警惕，哲别乘机攻入城中。哲别对金国重地的数次攻伐，不但替蒙古获取了大批财物和战马，也使得金国的统治受到了沉重打击。

哲别的存在，让金国举国上下人心惶惶。尤其是王公大臣们，常常从噩梦中惊醒，生怕成吉思汗身边的这支神箭会射向自己。

公元1216年，哲别奉成吉思汗的命令讨伐被乃蛮部占据的西辽疆土。哲别采用了宗教宽容政策，没有滥杀无辜，且对沿途穷苦居民采取安抚政策，使被占领区域的百姓都主动归顺成吉思汗。同时，哲别又将出逃的屈出律追回，并将其斩首示众，极大地震慑了西域其他部落，为成吉思汗后来的西征扫平障碍。

箭指西方

公元1219年，成吉思汗以花剌子模劫杀蒙古使者和商团为由，命哲别为先锋讨伐花剌子模，并令哲别率军追击摩诃末。

哲别与速不台四处追击，所经过的城市以不攻占、只令其投降为目标，顺利地收回了沿途各部。面对哲别等人的穷追不舍，摩诃末不得不辗转逃窜，不断变换躲藏地点，最后实在走投无路，在一个孤岛上忧愤而死。

公元 1223 年，蒙、斡两军在迦勒迦河岸对峙。当时哲别和速不台率领的人马仅有三万多一点，而斡罗思联军中，仅密赤思老公爵就有八万人马。密赤思老公爵觉得凭自己手中的军队消灭蒙古军队绰绰有余，便渡河强攻。哲别等人在力量对比悬殊的情况下，没有慌乱，而是采用各个击破的战法，首先迎头痛击他们的手下败将钦察人，然后以锐不可当之势狂殴斡罗思联军。密赤思老公爵见大势已去，乘船逃走。蒙古大军乘胜渡河追击，大败斡罗思联军。迟来的斡罗思大公见到灰头土脸的联军残兵后，引兵不战而去。这一战被称为迦勒迦河战役，是历史上力量对比悬殊、以少胜多的著名战例。

哲别在迦勒迦河战役胜利后，继续进入斡罗思南部地区，之后又沿着聂伯河抵达里海北岸，最后取道钦察草原东返，准备在和林与成吉思汗的大军会师，向成吉思汗汇报战果。可是，哲别因常年征战，加之年老体衰，病逝在回乡途中。

哲别本想亲口向成吉思汗汇报他率领的蒙古大军横扫亚洲、所向披靡的辉煌，但是上天并没有给他这个机会，草原上的一支"神箭"就这样陨落了。这位威震蒙古草原，伐金平西辽，横扫中亚、钦察草原的征服者，终其一生都实践着他对成吉思汗的诺言。

成吉思汗得知哲别死去的噩耗后，悲痛欲绝，以"国葬"的级别将哲别安葬。

《射雕英雄传》中的哲别

金庸的武侠小说《射雕英雄传》中，郭靖所拜的师父哲别就是以蒙古名将哲别为原型创造出来的人物。

《射雕英雄传》中，哲别是郭靖的第一位师父和射箭的启蒙导师，他一直伴随着郭靖的整个少年时代，教导着郭靖成为名扬大漠的"射雕英雄"。

小说中，郭靖带着母亲南逃，奉命率军追赶的哲别不惜冒死抗命，还送了郭靖弓箭、马匹，帮助郭靖逃走。这尽显哲别与郭靖虽为师徒，却更甚父子的深厚情谊，只不过，这都是大作家金庸杜撰的，和真实的哲别相去甚远。

奴隶出身的名将

太师国王木华黎是蒙古名将、攻金统帅。他原本只是一个下等的奴隶，但他沉稳多谋，骁勇善战，用汗马功劳获得了成吉思汗的赏识，成为成吉思汗最为信任的军事统帅。他辅佐成吉思汗统一蒙古诸部，因卓著的战功被誉为"蒙古四杰"之一。

官封太师

木华黎原为成吉思汗的堂兄撒察别乞的门户奴隶，在撒察别乞被处死后归顺成吉思汗。公元1206年，成吉思汗建国，木华黎被任命为右万户，这是成吉思汗建国后的第一份任命。

蒙金战争初期，在今河北省万全县西北的野狐岭、今怀安县东南的会河堡诸战中，木华黎率敢死队冲锋陷阵，配合主力歼灭金军精锐,成功攻克宣德、德兴等地。随后,他又随成吉思汗率军进入山东,攻克益都、滨州、棣州等多座城池。

第二年,木华黎回师北上,与成吉思汗会合,进围中都,逼迫金国皇帝请和。成吉思汗命木华黎进军辽河流域,招降高州。不久,木华黎又率军击败金军,奉命进占北京。

叛将张致占据兴中,木华黎遂率军攻打,并以调虎离山之计设伏夹击,擒获对方万余士卒。此后,木华黎又乘胜追击,俘杀张致,攻占锦州、复州等数十座城池,牢牢地控制住了辽东、辽西等地区。

公元1217年,木华黎因卓著的战功受到成吉思汗的褒奖。成吉思汗采用汉人的官号,封木华黎为太师、国王,并命木华黎率领弘吉剌部兵和契丹、糺、汉等降军,攻略金地。

敢于担当

公元1220年,木华黎率轻骑进入济南,迫使南宋济南治中官严实及其所辖八州三十万户投降。

在黄陵冈激战中,木华黎灵活用兵,亲自下马督战,又带领诸将士引弓射箭,一举击败了号称"二十万"的金军。

成吉思汗对木华黎说:"我负责攻打太行以北,太行以南就

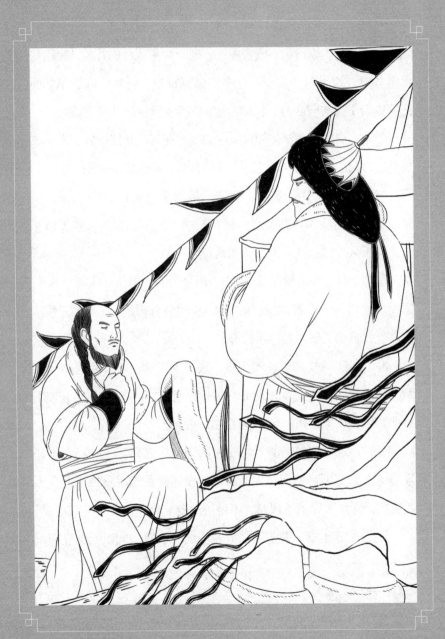

由你负责吧！"临行前，成吉思汗还把一柄象征汗的九斿 ①大旗赐给木华黎，授予木华黎发布号令的最高权力。从此，成吉思汗便把蒙古兵主力转向西方，侵略金国的战争完全由木华黎指挥。

受命在身的木华黎依照金国的制度，在云、燕建行省，发兵攻略燕京以南的汉人地区。此后，木华黎军又经遂城转战蠡州 ②。

听闻蒙古大军来袭，金军守将移剌铁哥紧闭城门，誓死坚守。木华黎见金军严防死守，便派石抹也先率领原属张致的黑军一万二千人攻破蠡州北城，大肆屠掠。

同年十月，木华黎军进攻中山府、新乐县、赵州、威州、邢州、磁州、洺州，金国各地早就听说木华黎擅打硬仗，所以木华黎所到之处，各地官员纷纷举手投降。

木华黎部下攸兴哥率领先锋军攻下大名府。十一月，木华黎军进入山东，连续攻破滨、棣、博、淄、沂 ③等州。十二月，攻下益都。后又攻下密州，金节度使完颜寓战死。

同时，木华黎统率的另一支军队向河东进军。十一月，木华黎到达太原城下。但因知太原府事、权元帅左监军乌古伦德升出兵抵抗，木华黎军寡不敌众，不得不退走。

公元 1218 年夏，蒙古军在应州集结。金宣宗闻讯后，立即调

①九斿：斿，yóu。九斿，古代旌旗上的九条丝织垂饰。
②蠡州：蠡，lí。蠡州，今河北省保定市东南部。
③沂：yí。

遣平阳府胥鼎移镇陕西，又令绛阳军节度使李革负责管理平阳府的事物，代替胥鼎镇守河东。

同年八月，木华黎率步兵骑兵数万人，由太和岭入河东，攻略代、隰 ①、吉、石、岢岚等州，第二个月便开始围攻太原。

一路向南

木华黎用重兵包围太原城，并很快攻下了太原。在这期间，金国元帅左监军乌古伦德升仍然誓死坚守。为了鼓舞士气，他还将家中的银币及马匹分赏给战士们。但蒙古军却从西北角入城，乌古伦德升联车塞路拒战，虽三次打退蒙军，但蒙军矢石如雨，金国负责守城的士兵无法坚持，城池由此沦陷。

攻下太原城后，木华黎留下攸兴哥镇守，自己则继续率军攻打汾州，金国汾阳军节度使兼经略使兀颜讹出虎战死。

同年十月，木华黎越过绛、潞等州，向平阳进军。平阳是河东的根本，更是河南的屏障，若是丢了平阳，那河南也保不住。在木华黎的猛烈攻击下，金兵虽屡次出战拒敌，但不久后仍损伤过半。

木华黎逼近城北濠垣，金兵提控郭用力战被擒，副将李怀德

---

① 隰：xí。

出城投降，平阳城由此被攻破。

城中的官员请守将李革上马突围，李革说："我保不住此城，还有什么脸面去见皇帝，你们走吧！"说完，便和完颜从坦一起殉国自杀了。

太原、平阳相继失守，河南也失去了最后的保护屏障。

蒙古四杰

　　蒙古四杰指的是成吉思汗部下的四位杰出将领，分别是博尔忽、木华黎、博尔术和赤老温。这四个人跟着成吉思汗南征北战，为蒙古帝国的建立和版图的扩展立下汗马功劳，他们被并称为"掇里班·曲律"，世任"怯薛"之长，位居十大功臣，享有九次犯罪不罚的特权。

成吉思汗第一次西征

一个守城将军的贪婪，导致了一个国家的灭亡。成吉思

汗的铁蹄因为和花剌子模的关系交恶而出乎意料地踏入中亚

地区，在这里再一次印证了一代天骄的彪悍威武。那么，是

谁惹得成吉思汗率领自己的儿子和手下的悍将远征中亚呢？

两国交恶

花剌子模 ①人以会经商著称于世。蒙古帝国兴起后，大批花剌

子模商人来到蒙古，通过与蒙古人的贸易，获得了丰厚的利润。

同时，花剌子模和蒙古还缔结了和平通商的协定。

公元1218年，成吉思汗根据蒙古和花剌子模两国达成的通商

协议，派出一支由四百五十人组成的大型商队，并用五百峰骆驼

①花剌子模：一个位于今中亚西部的地理区域，位于阿姆河下游、咸海南岸，今乌兹
别克斯坦及土库曼斯坦两国。

驮着金、银、丝绸、驼毛织品、海狸皮、貂皮等贵重商品，和一封写给花剌子模国王的信，令使臣送往花剌子模。

当商队行至锡尔河上游的讹答剌^①城的时候，守将亦纳勒出黑心贪财，将商队扣留，并派人报告摩诃末，谎称商队中有成吉思汗的密探。

摩诃末在没有弄清真相的情况下，便同意处决蒙古商队的成员，没收了商队的全部财物。在处决的过程中，有一个人从牢里逃了出来，并向成吉思汗报告了商队被害的经过。

成吉思汗对此气愤不已，但为了不使事件扩大，希望双方能够通过和平方式解决，就派了以巴合剌为首的三名使者，前往花剌子模索取肇事者。

在花剌子模，当成吉思汗的使者向摩诃末转达了成吉思汗的意思后，听信了亦纳勒出黑谎言的摩诃末不仅杀害了巴合剌，还将两名副使的胡子剃光并赶了回去。

成吉思汗复仇

成吉思汗见自己的使臣被害，觉得两国关系已无法用和平的方式解决，遂决定亲率大军向花剌子模问罪。

---

①讹答剌：又称奥特拉尔，位于哈萨克斯坦奇姆肯特市阿雷思河和锡尔河交汇处，是中世纪时代的中亚古城。

蒙古大军到达花剌子模边堡讹答剌城后，成吉思汗便兵分四路向花剌子模进攻。这四路分别是：察合台、窝阔台率师围攻讹答剌；术赤率师征毡的、养吉干诸城；塔孩率五千骑兵征战忽毡^①等城；成吉思汗与托雷取中路，渡锡尔河，向西南横渡红沙漠直逼布哈拉城。

公元 1220 年三月，术赤等三路军马占领了锡尔河两岸的全部城市，成吉思汗的中路军也占领了伊斯兰教的文化中心布哈拉城，完全切断了花剌子模新都撒马尔罕和旧都乌尔根奇之间的交通。

同年五月，蒙古四路大军在撒马尔罕城下会师，合围撒马尔罕。当时撒马尔罕城内的守军约有十一万。但蒙古军仅仅苦战六天，就将撒马尔罕城攻破。

城破之前，摩诃末已从城内逃跑，成吉思汗便命耶律阿海留守城内，哲别、速不台率三万骑兵追击摩诃末；窝阔台和术赤、察合台进攻兀龙格赤；成吉思汗和托雷则向阿富汗推进，进攻巴里黑、塔里寒等地。

公元 1220 年七月，窝阔台率领五万兵马攻打乌尔根奇。乌尔根奇城守将忽马尔统率十一万大军日夜坚守。由于该城防卫工事十分坚固，蒙古军没有丝毫进展，只能在城周围安营扎寨。

待攻城器械齐备后，蒙古军立即发动了全面进攻。三千蒙古

---

①忽毡：今纳巴德。

兵袭击了阿姆河桥，经过七天的激烈战斗，成功攻克乌尔根奇，十一万守军全部阵亡。城内的所有工匠和妇女、儿童均被当作俘虏送到蒙古，河中地区全部被蒙古军占领。

之后，察合台、窝阔台与主力军会师，在塔里寒加入成吉思汗的队伍；术赤则回到额尔齐斯河其辎重所在的营地。

摩诃末死后，他的儿子札兰丁纠集了一些残兵败将，企图继续和蒙古大军对抗。公元1221年，双方在印度河畔展开决战。蒙古军兵强势壮，札兰丁的六七万大军几乎全军覆没。札兰丁纵马跳入河中，与仅剩的四千余名跟随者一道逃往印度。

西征影响

成吉思汗将中亚一切具有使用价值的人口都作为"马背稍将来的人口"掳到中国。这些人到了中国后，经过蒙古帝国和元朝一百多年的统治，其中一部分逐渐同化到中国各民族中，另一部分则聚居在中国西北，形成了回族的主体。

在整个战争期间，蒙古统治者极大地充实了国家和个人的财富，对蒙古军事技术、生产技术、社会管理和文化知识等各个方面的提高起了巨大作用，为新的征服打下了雄厚的基础。蒙古统治者尊重当地居民的风俗习惯，尤其对伊斯兰教徒施行宽容政策，得到了当地居民的认同和接受。

　　经过二十多年的治理，到 13 世纪 60 年代，中亚的州县社会经济逐渐恢复到以往的繁荣。但成吉思汗的掠夺，给中亚各国留下了无法弥补的创伤。

成吉思汗为什么不攻打印度？

据《元史·耶律楚材传》记载，成吉思汗的军队在攻打印度河时，远远望见河中水汽磅礴，日光迷蒙。恰巧将士们口干舌燥，纷纷下骑饮水。可是河水温度极高，根本不能入口。耶律楚材正准备进谏时，河中突然出现一只大怪兽。

成吉思汗遂命令将士准备弯弓射杀，却忽然听到怪兽发出响声。怪兽的声音特别像人的声音，仿佛在说"汝主早还"四个字。

耶律楚材立即阻止了弓箭手，并对成吉思汗说："这种怪兽名叫角端①，是上天派来警示您的，是请您为了保全民命要尽早班师的。"

于是，成吉思汗顺应天意，没有继续往前行进，并立即率军返回了蒙古国。

——————————

①角端：角，lù。角端，一种中国神话传说中的神兽，与麒麟相似，头上有一角。

窝阔台荣登汗位

　　成吉思汗晚年的时候，选择了自己的三儿子窝阔台做继承人。窝阔台骁勇善战、心怀宽广，且善理朝政。他历经曲折登上汗位之后，任用耶律楚材为中书令，采用汉法，改革税制，为蒙古帝国最终占领中原奠定了经济基础。

位居汗储

　　公元 1219 年，成吉思汗准备挥师西征。临行前，成吉思汗召见自己所有的儿子和同胞兄弟，议定窝阔台为汗位继承人。随后，窝阔台同父亲踏上了讨伐花剌子模的征程。

　　窝阔台、察合台奉命统兵攻打讹答剌。由于城内的防御工事极为坚固，且粮食储存充足，他们久攻不下，就这样僵持了数月。数月之后，城中粮尽援绝，部分敌军想乘夜色突围出走，结果被全部围歼。窝阔台攻下讹答剌后，大肆杀掠，将其夷为平地。

公元 1220 年夏，成吉思汗率军在撒马尔罕、那里沙不附近的草原休养士马，准备下一步的进攻。

进入秋季后，成吉思汗派遣窝阔台、察合台率领右翼军，去攻打花剌子模首都玉龙杰赤，命术赤率本部兵从其驻营地南下会合。

受命的窝阔台、察合台和术赤各率本部兵马，先后抵达玉龙杰赤城下。玉龙杰赤城跨阿母河两岸，中有桥梁相连，蒙古军准备夺取该桥，却被守军将士杀死。城内的守军见蒙古军这么好对付，气焰就更加嚣张了。

此时，察合台因为是攻还是守的问题与术赤起了争执。兄弟失和，致使蒙古军号令不一，一连数月也未见攻城。

在阿富汗境内的成吉思汗了解情况后，便委派窝阔台为最高指挥官，由他统一指挥。

窝阔台随后努力调解兄弟关系，严整军纪，并聚集力量总攻。他采取纵火烧屋的办法，将城内居民全部赶到城外；同时又令人挖开阿母河的河堤，将河水灌入城内，把城中未被赶走的人全部用水冲走。

玉龙杰赤战得胜后，窝阔台和察合台各率部队与已攻取塔里寒诸寨的成吉思汗会合，一同进军哥疾宁。

札兰丁听闻窝阔台大军到来的消息后，吓得撤退到了印度河，准备渡河进入印度。因此，蒙古军毫不费力地占领了哥疾宁。

随即，窝阔台大军又一路尾随追到申河岸边。札兰丁因渡船缺乏，还没来得及渡河，便在窝阔台大军的猛烈攻击下全军溃败。

荣登汗位

公元 1226 年，窝阔台在成吉思汗的授命下，指责西夏国主违约，再次率兵亲征西夏。

第二年六月，西夏国主李睍①遣使向成吉思汗投降。成吉思汗在击溃西夏军主力之后，随即将兵锋转向金国。他率军渡过黄河，经积石州攻入临洮路，接着又攻下京兆。同月，年迈多病的成吉思汗因积劳过度，在六盘山的营帐里离开人世。

成吉思汗临死前，再次把所有子女都召到身边，告诫他们一定要精诚团结，服从窝阔台的领导。

按照封建制度，帝王驾崩后应立即由他指定的继承人继位。但是，由于蒙古的库里勒台制仍起作用，窝阔台未能遵照父亲的遗命继承大位，在长达两年的时间里，大局一直被成吉思汗的嫡四子拖雷把持着。

公元 1229 年秋，蒙古宗王和重要大臣举行大会，推选新大汗。会上，有人恪守旧制，主张立窝阔台为汗；有的则反对成吉思汗

①睍：xiàn。

的遗命。大会一直争执了四十余天，也没有得出结果。

这时，察合台全力支持窝阔台。而原本支持拖雷的术赤已于四年前去世，拖雷势孤，只得向窝阔台俯首称臣。窝阔台则遵照父亲的遗旨，采纳众弟兄的劝告，继承了汗位。

改革税制

窝阔台继承汗位后，制定了蒙古地区值百抽一的赋税制，并设驿站，制定乌拉制，增强了蒙古本土与相邻地区之间的联系。

公元 1235 年，窝阔台筑蒙古首都哈剌和林城，建万安宫。后又制定了中原和西域的赋税制度，令耶律楚材主持中原赋调，麻合没的滑剌西迷主持西域赋调。

为了加强对中原地区的统治，窝阔台设立中书省，以耶律楚材为中书令，粘合重山为左丞相，镇海为右丞相，并置十路征收课税使，始行交钞。封孔子五十一世孙孔元措为衍圣公，修孔庙，免除赋税。为加强蒙古统治阶级的统治权，窝阔台还任命失吉忽秃忽为中州断事官，在燕京设立官署。

公元 1238 年，窝阔台将中原课税以二百二十万两卖给回族商人奥都剌合蛮，并命他为提领诸路课税所官，加重了中原人民的负担。

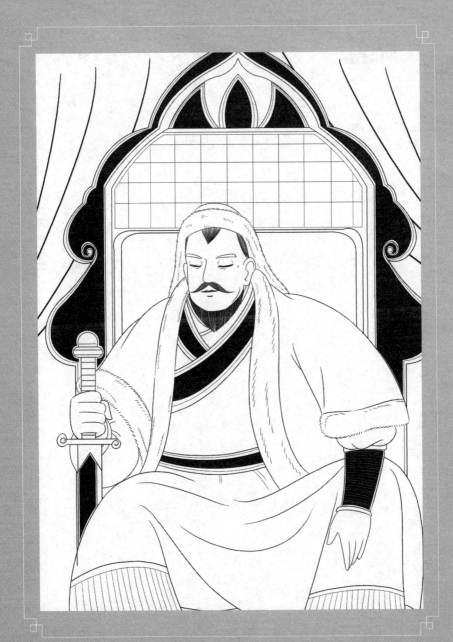

窝阔台死后继位的人是谁？

窝阔台在生前就已经定下了皇位继承人，就是他的孙子失烈门。可是失烈门并没有成功继承汗位，而是由昭慈皇后称制。因为昭慈皇后的中文名是乃马真，所以历史上又被称"乃马真摄政"。

乃马真还有一个别名叫作"脱列哥那"。阔窝台死后，她没有遵循窝阔台的遗愿，一心想让自己所生的儿子贵由继承汗位。可是贵由带兵远征了，短时间内回不来，而且情势刻不容缓，所以脱列哥那便自己篡夺了国家的政权，直到公元 1246 年去世，统治的时间长达五年。

钧州三峰山之战

公元 1231 年四月，蒙古军夺取了具有重要战略意义的城市凤翔，由此打开了关陇的大门。金国十分恐慌，一直退到河南，蒙古军则乘胜追击。三峰山之战是蒙金战争史上一场决定性的战役，对之后的中国格局产生了重大影响。

蒙古军进攻

金国在蒙古军的猛烈打击下，几乎是逢战皆败。但在公元1228 年的大昌原之战中，金国忠孝军提控完颜陈和尚以四百骑兵击败了蒙古大将赤老温所率的八千兵。

金国与蒙古交战近二十年，好不容易打了这一场胜仗，主将完颜陈和尚便十分得意。在遣返蒙古使臣时，完颜陈和尚十分傲慢地对使臣说："我们不怕你们了，现在我国已经备齐兵马，只等你来开战。"

蒙古大汗窝阔台闻听此言十分气愤，发誓一定要报"大昌原之战"失败之仇。

公元1229年，窝阔台亲自率军大举进攻山西，并命大将史天泽攻打卫州。公元1230年，窝阔台又派三路大军进攻金国。

西路军首先攻克了著名险隘大散关，接着又占领凤州 ①。然后分兵两路，一路经由凤州西南的武休关直逼兴元，并分兵掠取四川的部分地区；另一路由凤州而东攻取洋州，屯兵于兴元、洋州之间。

宋、蒙联手

当蒙古对金国全力追讨的时候，正在发展本国实力的南宋朝廷企图借蒙古之手消灭金国，而蒙古方面则想利用南宋为自己提供方便。于是，蒙古西路军向金国进军的时候，便派出屡次出使南宋的使臣搠不罕，向南宋朝廷提出借道、借粮等要求。

当时，南宋在西部的最高行政长官四川制置使桂如渊已经得到了南宋朝廷发来的与蒙古的"和约密旨"。所以面对蒙古军的进攻，桂如渊不仅不抵抗，反而还好酒好肉地犒劳蒙古军。对蒙

---

①凤州：今陕西凤县凤州镇。

古军提出的条件，他也全盘接受。

南宋的暧昧态度，使南宋百姓群情激愤，而蒙古军则顺利地通过由宋军据守的险隘饶峰关直达金州。后由金州向东南方向挺进，进一步占领了房州①，并由房州挥师东进。

与此同时，蒙古中路军也对河中发起猛烈进攻。河中背靠关陕、南阻黄河，地势重要，被金国认为是"国家根本所在"。金国准备由南京迁都时，便有大臣主张迁都河中。在平阳、太原等地相继失守后，河中成了金国在黄河以北的唯一战略据点，对河南起到屏障的作用。但是这一建议，并没有被金哀宗采纳。

河中的守军与蒙古军僵持了五个月之久，才被蒙古军攻克。蒙古军随后又迂回到金国后方，金国危在旦夕。

仓促应对

公元1231年九月，金国得知蒙古再度兵分中、西两路大举来袭，便准备退到河中一带与蒙古中路军交战。但是，领兵大将移剌蒲阿害怕自己渡河后被蒙古军截断退路，不敢出兵。

十一月，蒙古军越过饶峰关，由金州而东迂回至金国后方，金国朝廷闻讯连夜商议对策。次月，完颜合达和移剌蒲阿南调

①房州：今湖北房县，古称"房陵"，以"纵横千里、山林四塞、其固高陵、如有房屋"得名。

二十万金军会集于邓州，并派遣使者到襄阳约南宋"同御北兵"，但遭到了南宋守将的拒绝。

蒙古军全部北渡后，在邓州西南的禹山与金军发生了第一次遭遇战。这一战，金军在数量和地理位置上处于绝对优势，且早已布好阵势。但是蒙古军并没有从正面主动进攻，而是迂回到山后，从金军背面发起攻势。

金军被蒙古军的突袭打得措手不及，急忙调集兵力抵抗。蒙古军见首次进攻没能打乱金军的阵势，便主动退到三十里之外，不与金军正面交锋。转而一边用部分兵力吸引、牵制金军的行动，另一边派军渗透、深入到金军后方。

金军原本在邓州等待蒙古军前来决战，后来才发现后方运输线已被切断，粮草的供应成了严重问题。金军害怕蒙古军趁虚北上袭击京城，不得不放弃了在邓州决战的打算，仓皇北撤。

以少胜多

金军往北撤退的过程中，蒙古军一直紧追不舍。蒙古主将拖雷率领三千骑兵对十五万的金国大军进行追击。拖雷并没有与之正面交锋，而是专门选择金军休息和用餐的时候进行突袭，使得金军寝食难安、疲惫不已。

在拖雷的追击下，金军撤到了钧州附近。而此时，蒙古中路军已经和西路军会合，并准备在钧州西南的三峰山对金军进行阻击，金军再次陷入进退两难的境地。

蒙古中、西两路军会合后，总数仍不足五万，与金朝的十五万大军相比，仍处劣势。但是金军长途跋涉，主力部队已经丧失多半，在蒙古军的猛烈打击下，金军给养得不到补充，南、北防线被相继攻破，军心愈加动摇。

公元1232年冬，金军到达三峰山后不久，气温骤降，还下起了大雪。金军衣着单薄，武器蒙雪结冰，战斗力大减。而习惯北方严寒气候的蒙古军便借此轮番休整，并有意让开一条通往钧州的道路，待金军从他们让开的道路上逃跑时，便用伏兵夹击。完颜合达和完颜陈和尚率金军残部突围，撤往均州城，但半路却被蒙古军拦截，大军奔溃。

公元1234年正月，蒙古军攻破蔡州城西城，金哀宗见大势已去，把皇位传给完颜承麟后殉国自杀。残余的金军或战死，或自杀殉国，没有一个人投降，刚刚继位的完颜承麟也被乱军所杀。

至此，金国宣告灭亡。

以少胜多的蒙古军

其实蒙古的每一个对手，无论是人口、军队，还是经济等，都很强大。

西夏虽小，但与蒙古同为"强悍民族"，其文明程度高于蒙古，军队也比蒙古多。西夏军也算剽悍，不然不可能以一隅之地，抗衡宋、辽、金几百年。但是，西夏在蒙古军面前却完全不堪一击。

其次是金朝。公元1211年蒙古攻金，当时金朝的人口在四千万以上，军队上百万。但与蒙古军的每一次大战，几乎都是溃不成军。耶律留哥在辽东反叛，蒙古军支援耶律留哥。

蒙古西征，仅有两三万蒙古军，故军虽有数十万人，却依然败在了蒙古军的铁蹄之下。

"以少胜多""横扫中原"，几乎成了蒙古大军的代名词。

蒙古铁骑横扫欧亚大陆

　　十三世纪，成吉思汗和他的子孙东征西讨，发动了三次大规模的西征。他们凭借较少的军队以及充足的后勤供应，战胜了所有敌人，先后灭掉四十多个国家，建立了一个世界历史上最庞大的帝国，几乎使西方列国谈蒙色变。

开战俄罗斯

　　公元 1236 年秋，奉窝阔台大汗之命，一支由十五万精兵组成的蒙古大军向欧洲开战。

　　蒙古军进入欧洲后，首先攻取了伏尔加河下游的布里阿耳城。公元 1237 年冬，蒙古军进军俄罗斯，里亚占公国成为蒙古袭击的第一个目标。里亚占大公尤里·伊果烈维奇无力抵抗，不得不向弗拉基米尔公国和切尔尼克夫公国求援。可是，俄罗斯诸公国均不出兵。经过三天交战，没有援军的里亚占公国都城被蒙古军占领。

公元1238年初，蒙古军到达莫斯科后，在不同的方向修筑了足够三四辆大车并排前行的道路，然后又架起投石机，仅用了五天时间就攻下莫斯科城，还杀死了该城王公弗拉基米尔。

此后，蒙古军继续向东北方进军，最终占领了俄罗斯全部领土。

锁定欧洲

占领俄罗斯似乎并没有满足窝阔台的胃口。窝阔台认为，优秀的民族理应统治欧洲，甚至是统治世界。在这种想法的驱使下，蒙古军继续朝西方的欧洲挺进。

公元1241年初，蒙古军进入欧洲腹地。拜答儿率领察合台手下的三万士兵进攻波兰，目的是摧毁匈牙利的外援。

此时的波兰国王波利斯拉夫五世住在都城克拉克夫，只能管辖直属地，其余的四个小公国各自为政，无法统一指挥。蒙古军兵临波兰城下，西里西亚大公亨利急忙集结波兰军以及日耳曼、法国、捷克的条顿骑士三万人迎战。

条顿骑士团是十字军时代的产物，他们身穿铁甲，手握长矛，刀剑不入。拔都见久攻不下，只能撤兵。

联军则乘胜追击，一直追到城外的一处山林里。联军刚进山林，

山林里便烟雾四起，火光四射。原来，这是拔都等人见强攻不成，就退而求其次，在山林里使用火攻之计。

山林里火光冲天，条顿骑士团身上的铁甲沉重无比，反而成了骑士们的累赘，他们在浓烟和密林里无法施展身手，最终惨遭歼灭。

"魔鬼之师"

蒙古军获胜后，继续向莫拉维亚挺进。蒙古军连战连胜，许多国家甚至都没有搞清楚蒙古军来自何方，就惨败在蒙古的铁骑之下。欧洲百姓则认为蒙古军是神兵天降，是因为自己国家腐败、罪孽深重，上苍派神兵来惩罚他们。甚至在一段时间里，英国人都不敢出海，中断了与欧洲大陆的贸易活动，德国上下也为之震恐。

因为害怕，欧洲的士兵拿着十字架和蒙古军作战，称蒙古军是"魔鬼之师"。

公元1241年四月，蒙古的三路军队部分兵力在佩斯集结。佩斯城的匈牙利王贝拉四世匆忙集合军队准备应战。

四月七日，蒙古军开始攻城，他们用沾着火药的火箭向佩斯城射去，佩斯城守军则用飞箭阻拦。在飞箭的攻击下，蒙古军不得不暂缓攻势，撤退到绍约河与蒂萨河上游的莫希南部。

次日早晨，蒙古军从侧面包抄敌营，以迅雷不及掩耳之势包围匈牙利军，致使匈牙利军在逃跑中互相踩踏，仅剩少数军卒退回佩斯，贝拉四世则逃往奥地利，后又逃亡到亚德里亚海的一个岛上。

蒙古军转而进攻佩斯城，虽然当地居民顽强抵抗，但因无人组织，佩斯城最终还是失陷。

急流勇退

公元 1241 年夏、秋，蒙古军在匈牙利平原上休整了一个夏天和一个秋天后，北、中、南三路军队在多瑙河畔会师。蒙古军攻破亚德里亚海的威尼斯国边界，准备继续向距维也纳只有三十里的地方进军，由此征服整个欧洲大陆。

可就在此时，窝阔台大汗却突然去世了。

由于窝阔台大汗没有宣布谁是继承人，蒙古军的首领们决定撤离匈牙利，回国争夺王位。而由贵由和蒙哥所率的大军，已先行一步撤回蒙古。

蒙古军的撤离无疑拯救了整个欧洲，更使欧洲摆脱了自阿提拉以来面临的最大危险。

虽然蒙古军从欧洲撤离了，但是欧洲诸国从此一提蒙古军就心惊胆战。同时，他们也对蒙古军几乎要横扫欧洲大陆时却又突然撤军的行为大惑不解，各种猜测一直在欧洲史上流传至今。

蒙古铁骑，何以天下无敌？

蒙古骑兵可以一边作战一边行军，每天能推进八十公里，而欧洲骑士单纯行军也只能完成一半路程。

战马也是蒙古军队所向披靡的关键因素之一。与高大的欧洲马相比，蒙古马矮小精壮、皮厚毛粗，耐受力极强，可忍受零下四十摄氏度的严寒。所以，成吉思汗第二次西征时敢于在东欧的冬季发动战事。

在用兵上，一支典型的蒙古军队里重骑兵大约占40%，轻骑兵占60%。重骑兵主要用于突击，必要时也会近身搏斗。

第二次西征时，蒙古重骑最常见的装配是铁片甲。铁片甲本身可以抵御弯刀的劈砍以及弓箭和其他投掷武器的穿刺，不过刀剑能轻易砍断固定铁片甲的皮筋，连续多次的劈砍也可能导致铁片甲崩裂。

同时期的欧洲重装骑士一般全身披戴锁子甲，虽然刀剑的劈砍无法损毁锁子甲，但是装配锁子甲的骑兵，灵活性和速度都大大降低。

其次，成吉思汗还注重军队的战术培养，以及军事化的培养，且从未像西方军的首领那样对兵种和武器进行严格分工，其武器也不像欧洲和中亚军队那样笨重。故而，蒙古骑兵常常根据个人喜好装备武器，譬如套马的绳套和网马的网套。这在正规的西方军队看来是匪夷所思的，但也是防不胜防的，这也成为蒙古骑兵能够长驱直入的秘密武器。

汉学治国的耶律楚材

　　耶律楚材是契丹人，他精通汉学，父亲是金国尚书，但他却被成吉思汗赏识，得到重用，还为窝阔台制定了一系列行之有效的朝政措施。他是将汉学引入蒙古帝国朝政的第一人，为蒙古人迅速融入中原文化、在中原建立稳定的统治政权，奠定了坚实的政治基础。

保护人才

　　随着统治疆域的扩大，蒙古国需要大量人才来治理国家。公元1237年，耶律楚材便向窝阔台上奏："制造器物，需要有好的工匠；治理国家，也必须有贤德的臣子。"

　　窝阔台听从了他的建议，由此开展经义、辞赋、论三科考试，通过科举为国家选拔人才。耶律楚材建议选拔人才要不拘一格，

所以就算是被俘的奴隶，也被允许参加考试。

仅这一次考试，窝阔台就得到了四千零三十名贤士。耶律楚材将其中四分之一的人免去奴隶的身份，并根据德、贤、才、能等标准进行选拔。被选中的人中有杨奂、张文谦、赵良弼、董文用等，后来都成为忽必烈时代的名臣。

这次考试使大批儒士得到了身份的提高和课役上的优待，在文化、教育、政治、经济各领域都发挥了重要的作用。

规范礼仪

蒙古国以前没有正式的君臣礼数，忽邻勒塔大会实际上就是部落联盟的议事会议。大汗是部落联盟的首领，虽然拥有至高的军事权力，但在礼仪上却与各部落酋长以兄弟相称，没有严格意义上的君臣之分。

窝阔台继任汗位的时候，耶律楚材依照中原王朝的传统，帮助窝阔台册立仪礼。

由于仪礼要求皇族尊长都按班列拜，与蒙古的习俗不大相合，所以施行的初期，朝中的许多大臣都不认同，也不执行。

耶律楚材便先从窝阔台身边的亲王察合台入手，做他的思想工作。耶律楚材说："大王虽然是大汗的兄弟，但也是大汗的臣

p元朝

子，应当率先施行。只要您率先执行了，其他人便不敢不执行。"

拜汗礼的实施，实际上是对中原礼制的继承，它表现了大汗至高无上的地位和不可超越的权力。这种制度即便是在元朝灭亡、蒙古统治者退回漠北后，仍然保持着。

削弱势力

在蒙古兴起、征伐金国的过程中，有一大批金国官员和地主武装的首领归附蒙古。这其中主要是汉人，也有一些契丹人和女真人。

公元1230年，耶律楚材上书建议："凡是州郡宜令长吏专理民事，万户总军政，凡所掌课税，权贵不得挪用。"

使军、民、财政分开，是实行汉法的又一尝试。但是，这项政策却遭到了权贵的抵制，加之蒙古仍处在四面征伐的局面，所以没有得到很好的实施，只是基本做到"课税所掌钱谷"，而民、军分职的方案则不得不搁置。

公元1235年，大断事官失吉·忽秃忽检括中原户口，统计出一百一十万余户人口。他按蒙古传统把其中的七十六万户分给诸王、贵族，这种户称作"位下"或"投下户"，其余的则归各级官府。

耶律楚材竭力反对，他说："裂土分民容易产生矛盾，不如

074

多给他们一些金钱财物，以保持安定和谐。"

窝阔台遗憾地说："可是我已照例分了出去，就下不为例吧。"

耶律楚材说："假若朝廷有相应的制度，让这些人定期缴纳一定的税赋，然后按照制度定期发放给他们也可以。"

于是，窝阔台定下"五户丝"制，即每五户合缴一斤丝给受封者。另外，每两户出一斤丝作为国税交给政府。如此一来，窝阔台把征税权夺了回来，还防止了地方势力的进一步坐大。

完善法制

随着蒙古国统治地区的扩大，社会治安、吏制等问题也日益严重。成吉思汗生前定下的类似于部落联盟的内部规矩，已经不能适应复杂的社会形势。当时，州郡长官贪暴肆虐，富豪任意兼并土地，地痞流氓杀人掠抢的现象十分严重。

耶律楚材针对社会现状提出了《便宜一十八事》作为临时法律，对地方官吏擅自向民户征收财物或派劳役、商人侵吞官物、蒙古色目贵族不纳税、贪污官物、死刑判决等方面的问题，做出了具体规定，使得当时的社会情况有所好转。

蒙古人的文明程度决定了他们无法制定出合乎中原地区的法律，加上金国汉化的程度较深，所以金国施行的《泰和律义》是比较完善的法律，并且比较适用于中原地区。因此，蒙古人就在占领的中原地区沿用《泰和律义》，取得了比较好的治理效果。

后来，元朝建立，忽必烈也没有重新制定新法律，而是在《泰和律义》的基础上稍作改动，命名为《元典章》。《元典章》除了有汉法的结构外，还加入了适应民族等级制度的法律条文，有着明显的蒙古族旧有的法律痕迹。

集权中央

公元1231年，耶律楚材被任命为中书令，受命全权筹设中书省，蒙古帝国这才有了中央行政机构。虽然此时的中书省只是发放文书、处理文件，但是权力还是很大的。建立中书省的建议正是耶律楚材向窝阔台提出来的。

不过，中书省的真正功能得以实现是在忽必烈时期。忽必烈在位时重新确立了封建的中央集权制统治体系以及相应的各种典章制度。中央政府的军、政统治机构主要由中书省、枢密院和御史台构成：中书省领六部，掌全国政务；枢密院"掌天下兵甲机密之务"；御史台"掌纠察百官善恶，政治得失"。中央机构还有翰林国史院、大司农司等，特设机构还有宣政院、大宗正司等。

中央行政机构以中书省为中枢，下属各级行政机构都通过中书省直接隶属于皇帝。对于下面的各级机构，还设有专门的御史台的下级单位，用来考察官吏的得失。这样的行政机构骨架遵循了耶律楚材提出的"军政分离、中央集权、司法检察独立"的若干政治思想，实际上继承了耶律楚材的构想与设置。

耶律楚材的中央集权思想和措施，对元帝国产生了极其深远的影响。

耶律楚材是怎么死的？

窝阔台在位时期，听从了耶律楚材提出的很多建议，使蒙古国得以不断发展壮大。但是窝阔台去世后，皇后脱列哥那趁机夺取了政权。脱列哥那掌权期间，起用大量只会阿谀奉承、不学无术之辈，同时还打击忠良之士和汉儒名臣。耶律楚材作为国家的栋梁、窝阔台曾经的重臣，自然也成为打击的对象。

此后，脱列哥那颁布了一系列法令支持奥都剌合蛮。对于脱列哥那的法令，耶律楚材每次都持反对意见，脱列哥那由此对耶律楚材极为反感，并处处针对耶律楚材。

耶律楚材眼看着国家在脱列哥那的统治下法度不一、内外交困，百姓怨声载道，官场上乌烟瘴气，自己却无能为力，因此一直都郁郁寡欢，最终于公元1244年因病抑郁而死。

蒙哥汗施政

蒙哥汗是成吉思汗嫡四子拖雷的长子，是成吉思汗众多子孙中最优秀的继承人之一，也是最杰出的蒙古大汗之一。他因为强大的实力，被称为蒙古帝国最有权势的大王。他把蒙古帝国的事业推向巅峰，使蒙古帝国盛极一时，也为忽必烈登上历史舞台创造了条件。

登上汗位

公元1248年，贵由去世后，皇后斡兀立海迷失临朝称制。这个时期，窝阔台系内部很不团结，贵由的两个儿子忽察和脑忽互不服气，且与阔出的儿子失烈门失和。

相反，术赤系拥有强大的兵力，内部稳定；拖雷的四个儿子蒙哥、忽必烈、旭烈兀、阿里不哥则个个才能出众。术赤和拖雷两系由此结成强大的联盟。

为了对抗窝阔台家族，拔都以长支宗王的身份派遣使臣邀请宗王、大臣到自己的中亚草原驻地商议推举新的大汗。窝阔台系和察合台系的宗王们多数拒绝前往；贵由的皇后斡兀立海迷失也只派了大臣八剌为代表到会；拖雷的正妻唆鲁禾帖尼则命长子蒙哥率诸弟及家臣应召前往。

公元 1250 年，忽里台大会在中亚地区拔都的驻地召开。拔都在会上极力称赞蒙哥能力出众，又有西征大功，应当即位，并指责贵由违背了窝阔台的遗命，没有继承汗位的资格。大会通过了拔都的提议，推举蒙哥为大汗。

这项决定令窝阔台、察合台两家大为抵制，他们拒不承认蒙哥为汗。同时，唆鲁禾帖尼和蒙哥还派使臣邀请各支宗王到斡难河畔召开大会，拔都也派自己的弟弟别儿哥率领大军随同蒙哥前往斡难河畔。窝阔台、察合台两家很多宗王仍不肯应召，大会因此拖了很长时间。

由于蒙哥的母亲唆鲁禾帖尼的威望极高，并且善于笼络宗王贵族，多数宗王大臣最终应召前来。公元 1251 年，宗王、大臣们共同拥戴蒙哥为汗，蒙哥由此成为大蒙古国皇帝。

加强行政

蒙哥汗肃清对手后，为加强中央政权，任命忙哥撒儿为断事官，任命孛鲁合掌宣发号令、朝觐上贡及内外闻诸等事，令晃兀儿留守和林官阙、奴藏、阿兰答儿副之。又把所统辖的土地分成燕京等处行尚书省、别失八里等处行尚书省、阿姆河等处行尚书省三大行政区。

燕京等处行尚书省为汉地的最高行政机构，负责民政、财政等事务。蒙哥汗便任命牙剌瓦剌、不只儿、斡鲁不、睹答儿等主事，寒典赤、匿只马丁等辅佐。

牙剌瓦赤秉承蒙哥汗的意旨，在治国理政时杜绝诸王滥发牌印、诏旨、宣命，并规定诸王的车马不许超过三驾，需要远行时也不得超过四驾；诸王不得擅招民户；诸官不得以朝觐的名义赋敛民财；民粮需要远距离运输的，允许就近调派。此举使当时的行政机构的办事能力大大增强。

阿儿浑曾于公元1251年参加蒙哥汗的登基大典，并对蒙古土地和百姓的生活状况进行过实地调查，且对非法课赋、苛虐勒索，以及蒙古当下混乱的财政状况进行了详细分析。对此，蒙哥汗任命阿儿浑为阿姆河等处尚书省尚书，回人法合鲁丁、匿只马丁辅佐，以解决以上问题。

编集户口

在贵由和海迷失后执政时期，由于税赋差役混乱，百姓不堪负重，纷纷逃亡。蒙哥即位之后，便重新编集户口，以保证国家收入。

早在窝阔台汗时，蒙古便对汉地进行了户籍检括，还对诸王进行了分封。但是这一次检括，导致百姓差役增大，国家税收大幅减少。蒙哥汗便于公元 1252 年对各户籍分封，以现居登记入籍事宜重新核对，重申了诸王、公主、驸马不得擅行文字。

金朝灭亡前后，河北、山东等地的军阀对百姓恣意掠夺，赋税名目繁多，蒙古官员也时常对中原人索要，甚至还制定了索要名目，大肆向当地人征收，称为"包银"。蒙哥即位后，对这一现象也进行了大力打击。

相关链接：

元朝皇帝的陵寝在哪里？

忽必烈建立元朝以后实行汉法，也渐渐受到了汉人丧葬习俗的熏染，开始使用棺木入葬。但是，他所用的棺木却与汉人不同。

为了不留下会让盗墓贼发现的线索和痕迹，元朝在皇帝下葬地点上的史书记载很少，以至于让人感觉元朝不存在皇帝陵墓。

元朝人如此神秘地把人埋了，免去了被人发掘的可能，但是后人祭祀时该怎么找到陵墓呢？

原来，在下葬时，他们会把一只还在哺乳期的小骆驼杀死殉葬，后人要祭祀时，就让殉葬小骆驼的母亲引导前往。当母骆驼发现自己孩子的殉葬地后，便会悲鸣，此处就是陵墓所在了。

然而，时间久了母骆驼会死，墓地便无从找寻，祭祀也就中断了。在茫茫的原野上，连他们的后人也无法辨别陵墓的位置，其他人更是不可能找到。因此，元朝的皇帝并不是没有陵墓，只是隐藏得好而已。

忽必烈治理中原

　　忽必烈总领漠南汉地后，继续采取拉拢和团结地方势力的方针。为使流亡的百姓安顿下来、恢复生产，忽必烈采取了招抚流亡、禁止妄杀、屯田积粮、整顿财政等一系列措施，初步扭转了百姓流离失所的局面。忽必烈对中原地区的治理，为以后夺取政权奠定了经济基础，也博得了汉人地主、儒生的广泛支持。

采用汉法

　　孛儿只斤·忽必烈是托雷的第四个儿子、元宪宗蒙哥的弟弟、大蒙古国的末代可汗，同时也是元朝的开国皇帝，蒙古尊号"薛禅汗"。

　　公元1251年，蒙哥即大汗位，令忽必烈主管漠南汉地的事宜。

由于忽必烈广结汉人，一些流落无着的儒生和地方军阀的门客便陆续来到他的帐下。忽必烈来者不拒，同时还以美酒、美食热情招待。因此，这些人在忽必烈的周围形成了一个强大的幕僚集团。

忽必烈此举得到了汉人的极力称赞，忽必烈通过自己的汉人幕僚集团又取得了汉人地主、士大夫的支持，前来投靠他的人更加络绎不绝。

忽必烈总领漠南汉地后，继续拉拢和团结地方势力。北方汉族地主武装的头目也对忽必烈忠心耿耿，无论是在争夺帝位、铲除政敌的过程中，还是在灭亡南宋的战争中，都为忽必烈立下了不朽的战功。

忽必烈治理汉地时，首先整治的地方就是邢州。之前，窝阔台在中原检括户口后，将邢州一万五千户分赐给功臣斡鲁纳氏的两个答剌罕，由他们自派达鲁花赤统治。

达鲁花赤肆意盘剥、鱼肉百姓，致使百姓不得不四处逃亡，仅十年时间，邢州人口仅剩下不足七百户。于是，两答剌罕向忽必烈请求良吏代为治理。忽必烈便派张耕、东平严实幕僚刘肃等安抚邢州。他们到邢州后不久，当地户口就增加了几十倍，这些汉人因此深得忽必烈信任。

公元 1252 年，宋军攻打河南边地。忽必烈请准蒙哥在河南设经略司，任命忙哥、史天泽、杨惟中、赵璧为经略使。

史天泽等到达河南后，立刻着力打击贪淫暴戾的地方军阀刘福，并将两个横暴的州县官处死，他们这一系列兴利除害的措施甚得民心。同时，史天泽还组织兵民在唐、邓等州屯田，置屯田万户府于邓州，加固城垣，使百姓生活得以安定。

公元 1253 年，蒙哥分赏诸王，忽必烈得到京兆封地。忽必烈建立京兆宣抚司，任命李兰和杨惟中等减免关中税赋，处死横暴害民的郭千户，军纪为之大振。

公元 1254 年夏，忽必烈驻六盘山，任命廉希宪代杨惟中为关西宣抚使，姚枢为劝农使，商挺为宣抚副使。

廉希宪是汉化的畏兀儿人，自十九岁入侍忽必烈府就受忽必烈影响学习汉儒经史。廉希宪到任后，体恤民间疾苦，释放了被俘掠的儒士，还将其编入儒籍。这些措施，深得汉人地主和儒生的支持。

平定大理

公元 1252 年九月，蒙哥命忽必烈率军征讨云南，兀良合台为总督军事。

云南地区在唐朝时曾被南诏国统治，到了宋朝时才建立大理国。不过这时的大理国已经国势衰败，国主段兴智大权旁落，被大臣高氏兄弟篡权，内政极其腐败。

领命的忽必烈率领蒙古大将兀良合台，汉臣子聪、姚枢、郝经等五十余人在六盘山驻军，准备绕道四川和吐蕃地区，南下征服大理。

为了顺利通过吐蕃，忽必烈请八思巴到六盘山军营和自己会面，并请八思巴以吐蕃代表的身份到吐蕃地区征集兵力和财物，八思巴则以吐蕃地区百姓生活贫困为由拒绝执行。

忽必烈无计可施，只能让察必王妃出面周旋。察必王妃以拜八思巴为师之名，挑选了二十四个诚信佛法、遵守教规的人接受喜金刚法戒，皈依佛门，可八思巴仍不为所动。察必王妃又劝说忽必烈，直到忽必烈愿意接受八思巴为他们夫妇二人举行密宗喜金刚灌顶仪式，八思巴这才同意忽必烈的军队通过吐蕃地区。

在八思巴的帮助下，忽必烈的行进路线由八思巴亲自做向导，八思巴还告令吐蕃各地领主，让他们协助忽必烈南征。

公元 1253 年秋，经过商议，忽必烈率领的大军兵分三路向大理挺进。这三路大军分别是：兀良合台率兵取西道；忽必烈自率中路大军经大雪山；诸王抄合、也只烈率军取东道。

忽必烈得到了吐蕃僧人和百姓的支持，他的三路人马顺利通过了西藏的雪域高原，在金沙江东岸顺利会师，直逼大理。

忽必烈的大军到达大理的时候，段兴智和高泰祥弃城而逃，大理城由此沦陷。占领了大理的忽必烈令诸王守卫，后又亲自率军在姚州将高泰祥擒获，段兴智则被兀良合台父子擒获，后主动投降。

涮羊肉的由来

有一次忽必烈率军远征时，嫌伙食太差，想吃清炖羊肉。厨子便宰杀羔羊，剔选羊肉准备做。可敌军突然来袭，厨子情急之下便把羊肉切成薄片，放在锅里胡乱搅和了一下，然后捞出来放了配料，给忽必烈端去。

忽必烈当时饿得肚子咕咕直叫，吃完就披挂上阵去了。没过多久，忽必烈凯旋。回朝后，他让厨子再给他做一次，并说味太淡，该多放些配料。

被忽必烈叫来的文武大臣尝过之后，纷纷竖起大拇指。忽必烈非常高兴，就给这道新菜赐名"涮羊肉"。

贤内助察必皇后

察必皇后是元外戚济宁忠武王按陈的女儿，忽必烈的皇后，太子真金的生母。她生性节俭，秉承妇人之道，时常用实际行动纠正和提醒忽必烈的不足，成为后世女性的楷模。

善待降臣

公元 1276 年，元朝灭掉南宋，并将南宋幼主恭帝与全太后掳到大都，忽必烈因此举行了盛大的庆祝典礼。

大家都非常高兴地饮酒作乐，唯有察必皇后一直闷闷不乐。忽必烈便好奇地问："我好不容易征服了江南，以后也不用再打仗了，为什么你不高兴呢？"

察必皇后意味深长地说："从古至今，我从来没有听说过千年帝国的存在，将来我和你的子孙不要落到像南宋这步田地就是万幸了。"

忽必烈为了讨察必皇后欢心，便将从宋宫里抢来的珍宝玩物堆在殿前，请察必皇后观看。可察必皇后只是淡淡地看了一眼，就走开了。

忽必烈追问她想要什么，察必皇后说："宋皇帝积蓄了这么多财宝留给子孙，可是他的子孙却没有一个能守住财宝。现在全归了我们，我怎么忍心拿呢！"

当时，南宋的全太后在大都水土不服，更不习惯北方气候，察必皇后便请求忽必烈放全太后回江南。忽必烈不答应，察必皇后一连求了三次，忽必烈才说："你这个妇人没有一点远见，若是把她放回去，万一再生事端怎么办？"察必皇后若有所思，便不再提放还之事，而是配合忽必烈对全太后实行怀柔政策①。

后来，全太后母子二人觉得南归无望，便出了家，察必皇后还特地拨了三百六十公顷免除租税的土地作为二人的生活费。

因此，全太后没有对自己的家国仇人生出怨恨，反而感激不已。

缝补天下

察必皇后十分擅长缝制"比甲"，她除了把宫廷废物回收利

---

①怀柔政策：用政治手段笼络其他的民族或国家，使其归附自己的一种政策。

用的环保运动搞得有声有色外，对服装设计也很有造诣。

当时，元人戴的胡帽没有前檐。有一次，忽必烈骑马打猎回来后跟察必皇后说，自己的眼睛总是被太阳照得睁不开。心灵手巧的察必皇后想了想，便在忽必烈的帽子上缝了一个帽檐。忽必烈试了试后发现，果然解决了这个问题。忽必烈非常高兴，便下令以后的帽子都照这个样子制作。

后来，察必皇后发现忽必烈骑马时穿的宽袍大袖不利于骑马和射击，便尝试着做了一种用旧衣改制而成的新衣服。这种衣服后边比前边长，且没有领子和袖子，两边还各缀着一排襻①扣，穿起来舒适又方便。察必皇后还给它起了一个漂亮的名字，叫"比甲"。这种衣服便于弓马，而且形制特别，穿上去感觉非常潇洒，人们争相仿效，后来就演变成了现在人们常穿的马甲。

察必皇后的缝衣技术十分高超，有时还会被忽必烈用作笼络人心的利器。忽必烈对汉学儒术非常感兴趣，他还没做皇帝前，有一次听闻儒士赵璧的大名，便把赵璧召到自己的身边委以重用。为了表示对赵璧的尊重，忽必烈称呼赵璧为"秀才"，而不直呼其名，并让妻子察必亲自给赵璧缝制蒙古袍。蒙古袍做好后，忽必烈让赵璧试穿，有不合适的地方就让察必一一修改。

---

①襻：pàn。

劝谏世祖

察必皇后才思敏捷、针砭时弊 ^①，而且还时常替忽必烈分忧，因此很受忽必烈的宠爱。

忽必烈喜爱打猎，可自从京城从上都开平迁到大都燕京后，就不方便游猎了。因此，忽必烈命他的禁卫军长官在京城郊区开辟游猎场。

察必皇后认为此事不妥，因为忽必烈只是御笔一挥，那片区域内的百姓就要从自己的土地上被赶走，从此流离失所。察必皇后不忍，但也知道不能强劝，所以她先打发走禁卫军长官，然后扶忽必烈进内室休息。

恰巧这时，太保刘秉忠有事奏报，察必皇后趁机将其拦在外室，故意提高嗓门对他说道："陛下要征收京郊的农田为游猎场。像这样的大事，你作为国家重臣，怎么能不知道呢？土地在国都没迁来之前就已经提前分配好了，如今要新开辟游猎场，那土地的主人岂不是要迁往他乡？到时一定会引起百姓的怨气，造成混乱。皇上事多，日理万机，像这样的小事想不到也正常，你们做臣子的应及时提醒。若是陷陛下于不仁不义，可怎么得了？"

刘秉忠会意地笑了笑说："微臣马上去亲自查看，然后再作

①针砭时弊：砭，biān。针砭时弊，比喻指出错误，劝人改正。

禀报。"

察必皇后说："这么做就对了！"

察必皇后与刘秉忠的对话，忽必烈听得一清二楚，于是就命令刘秉忠先去视察，然后再做定夺。

察必皇后勤俭持家

有一次，察必皇后派人去国库里支取丝、帛。忽必烈知道后，便责备察必皇后："这是国家和军队所需，不是私人库房，你怎能想取就取？"

忽必烈不过是开个玩笑，朴实的察必皇后却当了真。回到后宫，她就亲自率领宫女收集平日里将士们用旧、用坏的弓弦，煮练后织成绸帛，然后做成衣服。没想到，这种绸帛做成的衣服竟然非常坚韧密实。

察必皇后亲煮宫弦、自织丝帛的举动，被朝臣们传为佳话。通过这件事，也进一步激发了察必皇后对废物利用的积极性。

一日，她在专为皇宫造酒的宣徽院库房里发现许多被搁置了好多年的旧羊臑皮。察必皇后就命人搬到后宫，与宫人们一起将其洗晒干净、裁剪妥当，然后细细缝合，做成了地毯，没想到竟也实用。

八思巴创制蒙古新字

　　成吉思汗建立蒙古汗国前，蒙古人还没有文字。在早期的放牧和征战生活中，蒙古的贵族首领在发布命令、传达信息、记录历史时，采用的都是依靠口头语言和刻木结绳的方法。忽必烈称汗之后，意识到了文字对于蒙古人的重要性，于是命八思巴创制蒙古新字。

新字起源

　　公元1204年，成吉思汗在攻灭乃蛮时掳获了乃蛮掌印官塔塔统阿。塔塔统阿是畏兀儿人，精通畏兀儿文。他遵照成吉思汗的旨意，用畏兀儿字书写蒙古语来教育成吉思汗的子侄，创制了畏兀儿体蒙古文。

　　但是忽必烈认为，畏兀儿体的蒙古文只是一种文字的借用，不能算作蒙古自己的文字。因而，他决定创制一种可以在全国通用的新型文字，作为蒙古人自己的文字。

公元 1260 年，忽必烈在元上都即大汗位后，立即封吐蕃著名喇嘛高僧八思巴为国师，命他掌管佛教事务。在当时的情况下，掌管佛教事务也包括文化方面的内容，而创制一种新王朝所需要的文字，也是其中的任务之一。所以，创造蒙古文字的任务就落在了八思巴身上。

八思巴把维吾尔字母拼写成蒙古语言，作为蒙古的文字。这对蒙古文化的提高和国家的推行，起到了一定作用。

后来，忽必烈命八思巴创制蒙古新字。八思巴又在西藏、印度文字的基础上，创制出一种方形文字，即蒙古新字。

蒙古新字由梵、藏字母演化而成，有四十二个字母。其中母音十个，子音三十二个。可以用来拼写蒙语，也可以用来拼写汉语，字母基本通用，但有些字母在拼写蒙语和汉语时，代表的音值不同。

八思巴创制的蒙古新字，自上而下直写，自右向左行，参照了蒙古畏兀儿字和汉字的书写及构字方式。

公元 1269 年底，八思巴抵达大都复命，忽必烈命皇子真金率百官出城迎接。八思巴则向忽必烈进献了他奉命创制的蒙古新字，忽必烈立即下诏颁行。

蒙古字学

　　根据忽必烈的旨意，元朝的公文、印章、牌符、钱币、碑文开始广泛使用八思巴创造的蒙古新字。担任官吏的人，都必须要认识蒙古新字，所以它也被称为元朝的"国字"。

　　为了推广蒙古新字，忽必烈还在各地设立"蒙古字学"。

　　公元 1269 年二月，忽必烈在下令颁行蒙古新字的诏书中说："朕惟字以书言，言以纪事，此古今之通制。我国家肇基①朔方，俗尚简古，未遑制作，凡施用文字，因用汉楷及畏吾字，以达本朝之言。考诸辽、金，以及遐方诸国，例各有字，今文治浸兴，而字书有阙，于一代制度，实为未备。故特命国师八思巴创为蒙古新字，译写一切文字，期于顺言达事而已。自今以往，凡有玺书颁降者，并用蒙古新字，仍各以其国字副之。"

　　这份诏书的大意就是说，蒙古发源于北方，没有自己的文字，所以借用汉字和畏吾儿字作为自己的语言。但是这对于统治范围广泛的蒙古人来说是不合适的，蒙古人必须要有自己的文字。所以命国师八思巴负责创造蒙古新字，以后在所有需要用到文字的场合都要用蒙古新字。

　　可见，忽必烈是把创制蒙古新字当作弥补国家"一代制度"

---

①肇基：肇，zhào。肇基，指开始建立基础，打基础。

中的一个重要缺陷、对树立和维系元朝的国威具有重要作用的大事来看待的。

忽必烈注意到，辽、金、西夏等少数民族建立的王朝都创制过自己的文字，且这些文字都是利用汉文的偏旁为基本元素来构造的。但是，忽必烈不愿意沿用这一办法来创制他所需要的蒙古新字，所以就把这一任务交给八思巴，希望八思巴利用藏文创制出一种前所未有的独特文字。八思巴也不负忽必烈的期望，创造出了独特的蒙古新字。

公元 1271 年，忽必烈在定国号为"大元"之前，再次请八思巴传授灌顶 ①，并晋封八思巴为"皇天之下、大地之上、西天佛子、化身佛陀、创制文字、辅治国政、五明班智达八思巴帝师"。

八思巴还奉命造太庙木质金表牌位，用蒙古新字书写帝后名号，并荐佛事于太庙七昼夜。后又在大明殿忽必烈的御座上建白伞盖，在上面用泥金书写梵咒，还倡建每年二月举行规模盛大的迎白伞盖佛周游京城内外的活动，并撰写了《根本说一切有部出家授近圆羯磨仪轨》一书。

---

① 灌顶：原为古印度帝王即位的仪式。佛教密宗效此法，凡弟子入门或继承阿闍梨位时，必须先经本师以水或醍醐灌洒头顶。

促进交流

在整个元代，八思巴的蒙古新字成为各民族文字语言交流的重要工具。蒙古人和藏族人、维吾尔人可以通过认读蒙古新字拼写的汉语，大致认读汉语的词汇。同样，汉族人也可以通过认读蒙古新字转写的藏文和拼写的蒙古语，大致认读藏语、蒙古语和维吾尔语的词汇。

这对于汉语词汇进入蒙古语、藏语、维吾尔语以及藏、蒙古、维吾尔等地区，提供了极大方便。

这些语言与元代统一的政治、经济形势相结合，也促成了元代通用的公文、印章、碑刻、辞书等物品的陆续出现。

● 相关链接：

八思巴其人

八思巴本名罗古洛哲坚赞，是藏传佛教喇萨迦派的第五任祖师。

他幼年丧父，跟随伯父萨迦班智达学习及读写佛学，以聪明、颖悟著称。

他三岁时就能念诵咒语，曾在僧众集会上讲说《喜金刚续第二品》，众人叹服，称他为"八思巴"（vphags-pa，意为圣者）。八岁时，就能背诵佛本生经。

公元 1267 年，八思巴从西藏动身返回大都时，在他的随行队伍中有一批懂得多种语言的译师，他们中的一部分人就是八思巴创制蒙古新字的主要助手和实际工作者。

奸臣阿合马

　　阿合马用了不少极为有效的手段来增加财政收入，避免了财政入不敷出的情况发生，对战争的顺利进行起到了很大的作用，因此受到忽必烈的信任和重用。但是他在任期间，以权谋私，乘机大发横财、迫害异己，所以朝野内外对他可谓恨之入骨。

贪赃枉法

　　阿合马原本是中亚花剌子模费纳克忒的一名穆斯林商人。蒙古西征的时候，他被掳掠到大都，充当弘吉剌部按陈的奴仆。后来又作为斡耳朵的侍臣，随弘吉剌部察必皇后进入了忽必烈的宫廷。

　　忽必烈即汗位后不久，阿合马就担任了上都留守同知兼太仓

史，替忽必烈掌管宫廷仓廪^①钱谷。公元1262年二月，擅长理财的中书平章王文统被杀，忽必烈身边缺乏一个得力的理财大臣，阿合马便由中书左、右部兼诸路都转运使升职为领中书省左、右部。

阿合马担任平章政事等职期间，主要负责管理财政。他通过管理财政来增加收入的办法主要有：官办矿冶、增收商税、榷盐、检括户口，以及推广钞法等。

阿合马的理财能力和业绩，迎合了忽必烈急于富国和嗜利黩武^②的需要。加之他善于玩弄权术，采用各种手段拉拢对自己有用的人，又想方设法地讨好忽必烈，所以一直深受忽必烈赏识。

随着权力的不断增大，阿合马的专横暴虐和贪赃荒淫也越发不可收拾。他的一门子侄占据了朝廷的重要职位，在中书省及六部任职的党羽竟多达七百一十四人。

他霸占民间美女、良田，占有的府邸、宅院达七十余座。这些宅院除了分给子女、妻妾居住之外，剩余的全部用来匿藏他搜刮、贪赃的大量珍宝奇货。他还经常强索他人的美妻、艳女，败坏世风，引起了朝中大臣和民间百姓的强烈愤慨。

---

①仓廪：廪，lǐn。仓廪，储藏米谷之所。
②黩武：黩，dú。黩武，滥用武力，好战。

遇刺身亡

由于阿合马的在职时间很久，使他愈加变本加厉，令朝廷内部矛盾愈加激化。

他肆意贪婪骄横，拉扯提拔奸党郝祯、耿仁，将其升迁到和自己同在中书省任职，并且相互勾结、蒙蔽皇帝。不仅如此，积欠的赋税他也不予免除，致使百姓逃亡迁移。京兆等路每年收入的赋税达到了五万四千锭，但他还是认为不符合当地的实际情况。近郊的良田，只要是老百姓的，他就抢夺过来占为己有。

他暗地里接受贿赂，表面上却做得执法严明。朝中官员虽对阿合马的行为了如指掌，但忽必烈对阿合马非常信任，一般人根本不敢站出来揭发。值宿禁卫的秦长卿上书揭发了阿合马的罪行，结果不久就被阿合马治罪，关进了大牢，在监狱里被人害死了。

在阿合马恃宠专权期间，许衡、廉希宪、张文谦等一大批儒臣对阿合马的行为甚感不满，一直在与阿合马做激烈的较量和斗争，支持他们的还有受儒学影响极深的皇太子真金和蒙古勋贵。

公元 1282 年三月，皇太子真金随忽必烈到上都。一个叫王著的益州千户闻讯后，秘密打造了一把大铜锤，并联合自称有障眼法的妖僧高和尚密谋。两人乘夜进入京城，假称皇太子要回京师参加佛事，到了中书省。

进入中书省后，王著便骑马去见阿合马。并在阿合马面前诈称太子马上就到，要求中书省所有官员到东宫前等候。

阿合马信以为真，立刻派遣右司郎中脱欢察儿等人骑马出关迎接。阿合马的部下往北走了十几里路，并没有见到太子的身影，反而被王著的人拦了下来。

王著见时机成熟，便命人伪装成太子和太子的随从，并责备阿合马的部下无礼，把他们全都杀了，还夺了他们的马匹，往南进入健德门。

因为是夜里二更，所以虽然是王著走在前面，但也没有人敢问他们是谁。他们直接到了东门，下了马后，伪装成太子的人，连喊带骂地指责随后赶来的阿合马不懂礼数，令其下马下跪。

争执间，王著乘机拿出事先藏在袖子里的铜锤敲向阿合马的脑袋，阿合马当场毙命。

开棺戮尸

忽必烈当时正驻扎在察罕脑儿，听闻阿合马被杀的消息后大为震怒，立刻赶回上都，同时还命令枢密副使孛罗、司徒和礼霍弥、参政阿里等到大都平定骚乱。

事发后的第十七天，忽必烈在高梁河抓住了高和尚，并把起事的王著与高和尚一同诛杀。王著临刑前愤怒地大喊："我为天下除害，虽然现在会被你们杀死，但是将来，一定会有人为我讲明真相！"

阿合马死后，忽必烈依然没有查明事情的真相，也不知阿合马究竟犯了什么罪，还命令中书省不要追查阿合马的妻儿。但是群情激愤，孛罗便向忽必烈说明实情，忽必烈这才知道阿合马的十恶不赦，并大怒道："王著杀得对。"

为了以示惩戒，忽必烈下令掘墓开棺，在通玄门外斩戮阿合马的尸体，并任由野狗吃掉了阿合马的肉。朝廷百官和士人百姓看见后，无不拍手称快。

敛财专家阿合马

忽必烈自封帝国大汗后，就面对着来自其他汗国的不断攻击，他还要在中原地区开疆拓土，所以需要大量钱财来支撑自己的战争需要。而阿合马在敛财方面的"天分"，恰恰是忽必烈重视他的根本原因。

阿合马为了从老百姓手中搜刮粮食，先是没收了一批铁矿，然后做起了皇家铁矿生意，一年之内产铁一百万斤，又铸造出农具二十多万件。农具怎么变成粮食呢？他想了一个绝招，让老百姓拿家里的粮食来换农具。但是老百姓家都有农具，那该怎么办呢？这还不简单，拿过来当废铁廉价卖给国家呗。可是家中的农具还能用啊？那不行，阿合马说你的农具是废铁，那就是废铁。你要是不拿粮食来换农具，那就治你的罪。

就这样，阿合马一年之内就给忽必烈弄回来四万石粮食，给忽必烈的征伐战争提供了充足的资源。

天涯织女黄道婆

　　黄道婆是宋末元初著名的棉纺织家，她出身贫苦，少年时因受封建家庭的压迫而流落崖州，以道观为家。后来，她师从黎族人，学会了运用制棉工具和织崖州被的方法。她传授人们先进的纺织技术，并推广先进的纺织工具，因此受到百姓的敬仰，被尊为"布业始祖"。

少年家贫

　　黄道婆生于松江府乌泥泾镇的一个穷苦人家里，当时正是宋元更替、兵荒马乱之际。

　　就在黄道婆出生前后，她的家乡从闽南地区学来了棉花的种植方法。黄道婆记事后，棉花的种植已经普及到浙江、江苏、江西、湖南等地，不少妇女都学会了棉花纺织技术。

黄道婆很小的时候，便失去了所有亲人，孤苦无依的她不得不从小就自己砍柴做饭，自己拿针用线。

　　黄道婆心灵手巧、好学好问，还肯动脑筋、善于琢磨。大人做的活，她看一遍便能迅速领会，并能举一反三。当时，人们经常穿着棉布衣裤锄草、犁田，邻居会纺线的妇女告诉黄道婆，棉线布厚实柔软、经久耐用，干活的人穿用极为合适。黄道婆便虚心向邻居请教，回到家后还反复练习。

　　在成年劳动者都得不到温饱的年代，身为女孩儿又是孤儿的黄道婆，生活自然也十分艰难。她十三岁时，就被卖到有田地的人家做童养媳。

　　在婆家，黄道婆每天天不亮就要下地干活，直到太阳落山才拖着疲乏的身体进门。常常是饭也顾不上吃，水也顾不上喝，就直接倒在床上睡着了。不仅如此，成了童养媳的她，还要遭受公婆的打骂。面对公婆的刁难，黄道婆的丈夫不但不劝阻，反而还帮着公婆鞭打她，打完后就把她锁进柴房，不让她吃饭，也不让她睡觉。

　　黄道婆不堪忍受，从婆家逃了出来，并随船到了海南岛南端的崖州，也就是现在的海南崖县。

苦学纺纱

在封建社会，一个从来没有出过远门的年轻女子在外流浪，每走一步，每做一件事，都可谓是困难重重。所幸淳朴热情的黎族人同情黄道婆的遭遇，慷慨地接受了她，让黄道婆有了安身立命之所。

当时黎族人生产的黎单、黎饰、鞍子闻名海内外，棉纺织技术也比较先进。知晓黄道婆经历的黎族人不仅在生活上照顾黄道婆，还把棉纺织技术毫无保留地传授给她。

聪明的黄道婆虚心向黎族人民学习，把全部精力都倾注在棉织事业上。她很快就熟悉了全部织棉工具，并且融合黎、汉两族纺织技术的长处，逐渐成为一名出色的纺织能手。

为了能学到精湛的纺织技术，对于每一个纺织要领，黄道婆都要绞尽脑汁，练习很多遍才肯罢休。

长时间的劳心劳力，加上繁重的劳动消耗，使黄道婆的一头青丝逐渐变成白发，原本丰润的脸，也在岁月的砥砺下刻上了一道道深深的褶皱。但是她学习纺织三十年如一日，深钻细研、刻苦实践的热情却始终不变。

造福故乡

公元 1295 年，黄道婆搭船离开崖州，重新返回阔别多年的故乡——长江之滨。

此时的长江江畔经过了改朝换代的战乱，黄道婆的公婆和丈夫都已经死了。再回家乡，虽然一无所依，但是乡亲们却还记得她，大家都十分欢迎她回来，并为她提供了住处。

心无牵挂的她一回到家乡，便投身于棉纺织业的传艺、改良和创新活动。为了向乡亲们传授她所学到的纺织技术，她热心地向乡亲们讲述了黎族的优良制棉技术，并把自己在海南的所见、所闻和所得倾囊相授，又把黎族的先进经验与汉族的生产实践结合起来，进行发明创造。

对棉纺织工具与技术，她也进行了全面改革，先后制造了新的擀、弹、纺、织等工具，刷新了棉纺业的旧面貌。

她先是改革了擀籽工艺。她回到家乡后，家乡的妇女们苦恼地告诉她，近些年大家在纺棉花时不好去棉籽，还要用手指一个一个地剥，既费时又费力。黄道婆便教大家把一根光滑的小铁棍拿在手里，把籽棉放在硬而平的捶石上，这就是用铁棍擀挤棉籽的擀籽法。

黄道婆还在家乡沿用黎族人用的搅车。两轴靠摇臂向相反的

方向转动，把棉花喂进两轴间的空隙里碾轧，棉籽挤了出来，棉纤维就被带到了前面。搅车的应用，大大提高了当时的生产效率。

在弹松棉花时，黄道婆把弹棉花用的弓从一尺多长改成四尺长，用绳弦代替线弦，用檀木做的锥子击弦弹棉，代替手指弹拨。这样弹出的棉花均匀细腻，又蓬又松，提高了纱和布的质量。

在纺纱工序上，黄道婆还创造出了三锭脚纺车，代替单锭手摇纺车。脚踏的劲头大，还腾出了双手握棉抽纱，同时能纺三根纱，速度快，产量多。如此先进的纺车，在当时的纺织界，算得上是了不起的技术革命。

◈ 相关链接：

中国四大名绣

中国的传统刺绣工艺品中，常常将产于中国中部湖南省的"湘绣"、西部四川省的"蜀绣"、南部广东省的"粤绣"和东部江苏省的"苏绣"合称为"中国四大名绣"。

湘绣，主要以纯丝、硬缎、软缎、透明纱、尼龙等为原料，配以各色的丝线、绒线绣制而成。尤其是狮、虎题材，形象逼真、栩栩如生。

蜀绣，起源于川西民间，受地理环境、风俗习惯、文化艺术的影响，逐渐形成了严谨细腻、光亮平整、构图疏朗、浑厚圆润、色彩明快的独特风格。针法包括十二大类共一百二十二种，常用的针法有晕针、铺针、滚针、截针等。

粤绣，主要取材于龙凤、花鸟等，图案构图饱满、均齐对称，色彩对比强烈、富丽堂皇。在种类上，可分为绒绣、线绣、金银线绣三类。

苏绣的历史长达两千多年，自古便以精细素雅著称，其构图简练，主题突出，技巧精湛，所绣内容多为山水、人物、走兽等。

书画诗印全才赵孟頫①

　　赵孟頫是宋太祖赵匡胤的第十一世孙、秦王赵德芳的嫡派子孙。赵孟頫博学多才，能诗善文，懂经济，工书法，精绘艺，擅金石，通律吕，解鉴赏，特别是书法和绘画成就最高。他善篆、隶、真、行、草书，尤以楷、行书著称于世，其书风道媚②、秀逸，结体严整，笔法圆熟，世称"赵体""元人冠冕"。与颜真卿、柳公权、欧阳询并称为楷书"四大家"。

勤奋习书

　　赵孟頫自五岁起就开始学习书法，从不间断，对书法的酷爱

---

①頫：fǔ。
②道媚：道，qiú。道媚，苍劲而妩媚。

到了深入骨髓的地步。

赵孟頫少年时，南宋王朝便如大厦将倾，已破败不堪。他的父亲赵与告曾任南宋的户部侍郎兼临安府浙西安抚使，南宋灭亡后便归故乡闲居。

赵与告是一个很懂诗文的人，收藏也很丰富。在这样的家庭氛围中，赵孟頫受到了很好的文化熏陶。只是，赵孟頫十一岁时父亲便去世了，赵家家境由此每况愈下，度日维艰。

公元 1286 年，赵孟頫等十余人被推荐给元世祖忽必烈。赵孟頫因才华卓越，受到了元世祖的亲自接见。元世祖赞赏赵孟頫的才学，两年后便任命其为从四品的集贤直学士。

公元 1292 年，赵孟頫出任济南路总管府事。在任济南路总管期间，因元世祖去世、元成宗需要修纂《世祖实录》，赵孟頫被召回京城。

朝廷重用

赵孟頫能在书法上获得如此成就，和他善于吸取别人的长处是分不开的。宋元时代的书法家多数只擅长行、草体，而赵孟頫却精通各种字体。

后世学赵孟頫书法的人极多，赵孟頫的字在朝鲜、日本都非常受欢迎。

元朝刚设立尚书省时，赵孟頫奉命起草诏书。忽必烈看了诏书后称赞道："你说出了朕的心里话。"

不久，朝廷召集百官于刑部，商讨制定刑法。众人认为凡贪赃满元宝钞二百贯者，都应论死罪，赵孟頫则认为处罚太重。因为钞法创立后的几十年内，已经大幅度贬值，而用贬值的宝钞来决定人的生死，不足以取。

原本，忽必烈极为同意赵孟頫的观点，可有人见赵孟頫年少，又是来自南方，便指责他反对以宝钞来定罪是想阻碍宝钞的流行。

赵孟頫则理直气壮地反驳："刑法关系到人的生死，必须分别轻重。我奉诏参与商议，不敢不言。你不讲道理，企图以势压人，这是不行的！"那人被说得哑口无言。

忽必烈本打算重用赵孟頫，但见众人态度不一，又有人从中阻拦，也就此作罢了。

为此，赵孟頫便借病返乡，直到公元1299年，赵孟頫被任命为集贤直学士行江浙等处儒学提举。

公元1310年，赵孟頫的命运再次发生转变。皇太子爱育黎拔力八达赏识其才，并在自己继位后，于公元1316年将赵孟頫提官至一品，赵孟頫从此名满天下。

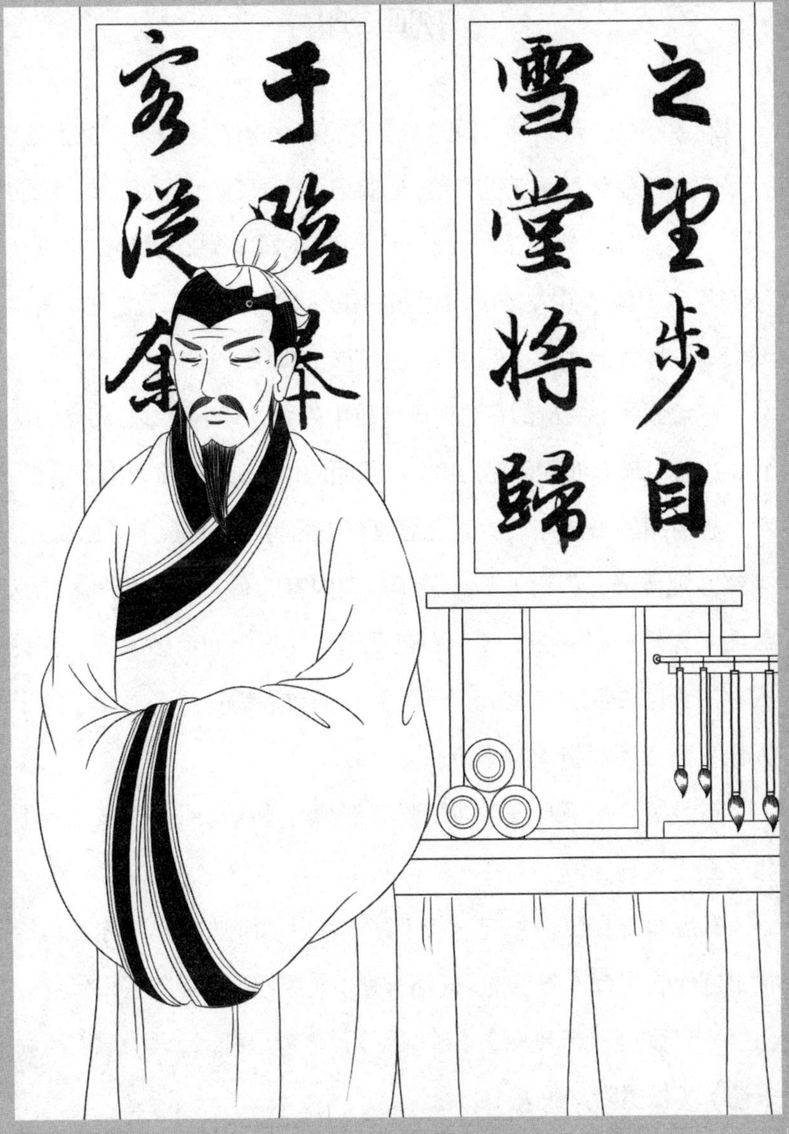
之望步自
雪堂將歸

书画诗印

赵孟頫是一代宗师，他的朋友高克恭、李仲宾、妻子管道升、儿子赵雍都受到他画艺的影响。他的弟子唐棣、朱德润、陈琳、商琦、王渊、姚彦卿、外孙王蒙，以至于元末的黄公望、倪瓒等也都在不同程度上继承并发扬了赵孟頫的美学观点，使元代文人画久盛不衰，在中国绘画史上写下了绮丽奇特的篇章。

赵孟頫的书画诗印在当时就名传中外，以至于日本、印度的达官贵人都以珍藏他的作品为贵，为当时的中外文化交流做出了贡献。

赵孟頫的书法作品中，与道教有关的有《洛神赋》《道德经》《玄妙观重修三门记》等。关于道教内容的有《玄真观图》《三教图》《轩辕问道图》《松石老子图》《溪山仙馆图》等；有关人物的绘画作品有《玄元十子图》；道教人物有尹子、文子等十人像，画上还写有人物小传。

赵孟頫与儿子赵雍、孙子赵麟都画过《人马图》，被世人称为"三世人马图"。

赵孟頫诗文风格和婉，兼工篆刻，以"圆珠文"著称。其传世书迹代表作有《千字文》《洛神赋》《胆巴碑》《归去来兮辞》《兰亭十三跋》《赤壁赋》《道德经》《仇锷墓碑铭》等，著有《尚书注》《松雪斋文集》十二卷等。

夫妻书家

赵孟頫的妻子管道升也是著名书画家，在古代女书法家中地位仅次于王羲之的老师卫夫人。管道升自幼学习书画，尤其擅长画墨竹、梅兰。晴竹新篁①，就是她首创的。

赵孟頫与管道升修养相当，但他们和寻常夫妻一样，也闹过别扭。

一次，赵孟頫想纳妾，管道升并没有表露半点不快，而是吟了一首曲子："你侬我侬，忒煞情多；情多处，热似火；把一块泥，捻一个你，塑一个我。将咱两个一齐打破，用水调和；再捻一个你，再塑一个我。我泥中有你，你泥中有我：我与你生同一个衾，死同一个椁。"

这样一阕意韵深刻的绝妙好词，表达了对夫妻感情的珍视，不论是才情还是思想，都绝非寻常女子所能及。赵孟頫听了，感念妻子之好，只得作罢。

公元 1319 年五月二十九日，管道升去世。八月五日，赵孟頫把思念融入笔端，写下一篇绝美的小楷《洛神赋》，并流传至今。

---

① 篁：huáng。

巧匠阿尼哥扎根中国

元朝首都的标志性建筑白塔寺，建于公元13世纪，是一个名叫阿尼哥的尼泊尔工匠建造的。阿尼哥历经千山万水，翻越喜马拉雅山脉，途经西藏，后又继续北上，才来到元朝的首都，并建造了这座流传千载的古塔。此后，中国的许多佛教建筑都是出自他手。

生在佛教圣地

尼泊尔是佛祖的诞生地，也是世界上唯一一个把印度教作为国教的国家。尼泊尔坐落于世界屋脊喜马拉雅山的南麓①，北临中国，国土面积将近十五万平方公里。尼泊尔的蓝毗②尼，是释迦牟

---

① 麓：lù。
② 毗：pí。

尼的诞生地，也是世界各地佛教徒渴望去朝拜的圣地。

公元1世纪，印度教开始在尼泊尔广泛传播。从那时起，城市建筑就和宗教相依相生。公元4世纪至9世纪，尼泊尔进入李查维王朝时期，古典文化艺术也一并进入黄金时代。

在李查维王朝时期，尼泊尔佛教盛行，大量佛教建筑出现了木工、木料、雕刻的佛教艺术，且都达到了很高的艺术水平。仅加德满都的王宫广场，就浓缩了尼泊尔李查维王朝时期的各种建筑精粹。

在这个广场上，有童女神库玛丽庙、象头神庙、湿婆神庙、毗湿奴庙、纳拉杨庙和黑天神庙等。其中，加德满都王宫广场上的独木庙，是由一棵树建造的，是加德满都最古老的建筑。

在加德满都谷地，有三座彼此相连的城市，即加德满都、巴德冈和帕坦。帕坦建于公元208年，是马拉王朝的首都，阿尼哥便诞生于此。

阿尼哥生于公元1244年，是尼泊尔王室后裔。他从小聪慧且勤奋，受当地浓厚的佛教文化影响，阿尼哥年纪不大，就已经是帕坦技艺高超的能工巧匠了。

建造佛塔

公元 1260 年，元世祖忽必烈即位后拜西藏著名僧人、藏传佛教萨迦派首领八思巴为国师，并让其统领藏族地区的政治与宗教大权。由此，藏传佛教开始在全国范围内推广。

忽必烈委托八思巴在西藏地区建造一座黄金塔，八思巴因此特意在尼泊尔招募八十位工匠，年仅十七岁的阿尼哥就在报名者当中。

阿尼哥翻山越岭到了西藏，且因技艺超群被八思巴看中，成为此项工程的总监工。阿尼哥不辱使命，用了不到两年的时间，就圆满完成了任务。

黄金塔建好后，阿尼哥向八思巴提出回国的请求。但是八思巴极其欣赏阿尼哥的才华，就把他收作自己的俗家弟子，并带着阿尼哥和众弟子北上大都，拜见元朝皇帝忽必烈。

经过八思巴的推荐，忽必烈也对阿尼哥非常欣赏，阿尼哥的命运由此发生转机。公元 1271 年，忽必烈要在元大都兴建一座象征王者之都的大佛塔，并把设计和监督施工的重任交给了阿尼哥。

为了不辜负元世祖忽必烈的期望，阿尼哥把对家乡的思念以及对中国的热爱融入到佛塔建筑中。经过长时间的思索，他决定采用尼泊尔佛塔的风格来为元大都建造佛塔。

这种尼泊尔佛塔的雏形是古印度覆钵式佛塔造型，塔身主体像一个倒置的钵盂，所以被人们称作"喇嘛塔"。由于塔的表面一般都涂抹着白灰，颜色洁白，所以又称"白塔"。

阿尼哥率领着工匠们废寝忘食地完成每一道工序，终于在公元 1279 年使这座白塔落成完工。

白塔高 50.9 米，砖石结构，通体洁白。在塔身下部，有一圈由二十四个巨大花瓣组成的莲花座和塔座。塔身的上部，是下粗上细呈圆锥状的"长脖子"相轮。因相轮有十三道圆环，所以被叫作"十三天"，其精巧的工艺和精准度令人叹为观止。

该塔融合了中尼佛塔建筑艺术，既适应宗教活动的要求，又达到了提升美感的作用。白塔落成时，整个大都都震动了。

白塔是阿尼哥最有影响力的艺术作品，也成为元大都最具标志性的建筑。忽必烈大喜过望，当即命人从白塔向四面各射一箭，划出一块面积达十六万平方米的土地，以这座白塔为中心兴建"大圣寿万安寺"。

再建广厦

因为阿尼哥技艺精湛，所以忽必烈又委托他修复宋朝遗留下来的针灸铜人像。

针灸铜人像造于北宋时期，人像上的上百条人体经脉一目了然，每个部位都有对应的针孔。如果把铜人注满水，把针孔用蜡封上，一针扎准穴位，相应的位置就会冒出水来，工艺极其精细。

但是，铜人像传到忽必烈时代的时候，已经破损不堪了。很多人尝试过修复，但都没能成功。阿尼哥肩负着忽必烈的期望，最终圆满完成了针灸铜人像的修复。此后，阿尼哥又在五台山建造了数座佛塔。

忽必烈昔其才华，任命他为"诸色人匠总管府"总管，负责统一管理营造、雕塑、冶铸及工艺制作。后又任命他为光禄寺大夫、大司徒，兼领将作院使，掌管金、玉、织造等手工艺品的制作。

公元1306年，六十二岁的阿尼哥在大都去世。他在中国的四十五年中，不仅创作出了题材广泛、艺术精湛、风格迥异的宗教作品，还培养了大量杰出的艺术人才，对后世影响极大。

佛教是何时传入中国的？

佛教最初传入中国时，只在少数人中奉行，并没有被上层官府和史官之流注意。

公元前2年，大月支国国王的使者伊存来到长安。他口授佛经给一个名叫景卢的博士弟子，这是中国史书上关于佛教传入中国的最早记录。

也有传说，大约在公元前250年，阿育王举行第三次结集。会后，他派大德赴各国传教，其中也包括中国。在与印度阿育王同时的秦始皇时代，已有印度的沙门室利房等十八人来到秦朝都城咸阳。

另外，也有人认为宋玉《高唐赋》和《史记·始皇本纪》中的"羡门"即沙门。但因无译述学说传世，所以无从确考。

襄阳之战

　　襄阳之战是元朝统治者消灭南宋、统一中国的一次重
要战役，是中国历史上宋元封建王朝更迭的关键一战。从
公元 1235 年开始，宋蒙之间的军事同盟破裂后，宋蒙战争
一触即发。公元 1273 年，南宋襄阳守将吕文焕投降元朝，
从此，元朝灭宋朝只是时间问题。由此可见襄阳在宋蒙战
争中对南宋的重要性。

第一阶段

宋理宗时期，南宋与蒙古结成同盟，共同攻打金国。到公元
1234 年，金哀宗在蔡州被宋蒙联军击败自杀，金国彻底覆灭。
宋蒙联合灭金后，两国联盟马上破裂，宋蒙战争由此拉开序幕。
公元 1235 年，蒙古大汗窝阔台集合蒙古、女真、西夏、渤海

等各部人马共五十万，兵分三路开始攻宋。

当时襄阳的守将是宋京湖安抚制置使赵范，赵范手下有一支金国降兵组成的"克敌军"。因为赵范嗜酒，所以蒙古军队乘着赵范在军中酩酊大醉的时候，与"克敌军"联络作为内应，乘机打开城门，攻入城内。襄阳由此失陷，数万百姓被蒙古军掠走，三十万石粮食、二十四库精良兵械，尽入敌手。

由于襄阳失陷，在此后不到一年的时间里，南宋七个州郡相继失陷，整个南宋危在旦夕。但是，就在南宋最为危急之时，蒙古军中路军主帅阔出突然暴病而亡。同时，南宋名将孟珙在蕲州、江陵等地接连击退蒙古军。双方的形势对比转化，使当时的襄阳战局形成胶着状态。

第二阶段

公元 1239 年，孟珙升任京湖安抚制置使，全面主持京湖地区防务工作。宋军虽然收复了襄阳，但由于蒙古军队对襄阳的破坏，此时的襄阳城已经成为易攻难守之城，孟珙不得不就此放弃。

同年四月，李曾伯派荆鄂副都统高达、幕府王登，率两万一千名荆湖军向盘踞襄樊的蒙古军队进攻。

南宋将士英勇杀敌，一举攻克了襄阳、樊城。此后，李曾伯又下令筑城。仅用两个月时间，城内就建造了一万间营房，加固后的襄阳城周长九里，樊城则约四里半，防御能力大为增强。

不久，蒙古发生内乱，公元1241年，窝阔台病死。此后，窝阔台的继任者贵由又病死。蒙古陷入了汗位争夺的政治斗争中，一直到公元1251年新大汗蒙哥继位方才平息。

公元1252年春，李曾伯向朝廷提出加强实行营田、奖励屯田、运输米粮、修筑城堡、免税、增兵协防等建议。朝廷下拨一百万缗①的屯田及修筑渠堰补助费，并免除襄、郢三年税赋。

到公元1254年上半年，李曾伯调任夔②路策应大使、四川宣抚使时，襄阳城居民已达六千两百七十六户，逐渐恢复生机。

第三阶段

公元1257年，蒙哥在清除异己后，决定于次年第二次出兵攻宋。这一次，他亲自带兵征战。

蒙古军此次攻宋，依然是兵分三路。蒙哥带西路军猛攻四川；忽必烈带东路军避开襄樊，直逼鄂州；兀良合台则带兵实施战略大迂回，自云南北上夹攻宋军。

①缗：mín。古代穿铜钱用的绳子。
②夔：kuí。

这次战争中，蒙哥因意外死于四川钓鱼城，蒙古军攻宋计划破灭。忽必烈急于北返争夺大汗之位，便急忙撤了兵。

忽必烈回到草原后经过数年征战，直到公元1264年击败阿里不哥，才彻底结束了蒙古内部持续四年的内乱。内乱结束后，忽必烈不再对占领的南宋城池大肆杀戮，而是改用怀柔政策，实行招降。

这时的南宋，贾似道弄权，不断打击异己势力，使得一大批有能力的将领相继被贬职、罢官。很多人甚至郁郁而亡。于是，宋蒙战争中南宋开始处于绝对劣势。

第四阶段

自公元1251年高达收复襄阳后，宋理宗便向襄阳调拨了大量人力、物力，经过十几年的努力经营，襄阳重新成为城高池深、兵精粮足的军事重镇，成为长江中游的门户和屏壁。在这十几年中，吕文德军事集团逐渐成为防守襄阳的主要力量。

吕文德上献媚于贾似道，下打击异己，致使不少将领为了自保只能投降忽必烈。特别是孟珙的爱将刘整，刘整看到其他将领受到打击杀害，就主动向忽必烈投降。

刘整为表忠心，就向忽必烈提出了先取襄阳、再攻临安的亡宋战略。刘整的策略被忽必烈采纳,蒙古军在刘整的建议和策划下,突破宋的防御,将兵力重新聚焦到襄阳上。

公元 1269 年三月,南宋两淮都统张世杰率马步舟师最先赶到襄阳,与蒙古军在襄阳东南的汉江上展开大战。

张世杰不敌蒙军,被迫退回。随后赶到的四川安抚制置使夏贵则利用春季汉水暴涨,用战船将粮食、衣物等物资送入襄阳城内。

同年六月,荆鄂都统唐永坚从襄阳城杀出,兵败被俘后投降。七月,夏贵率五万军队、三千艘战船,再度增援襄阳,遭到沿江堡垒蒙古军的猛烈阻击,增援未果。

蒙古军在襄阳地区采取的是长期不断缩小包围的方式,对援助襄阳的部队痛击,致使宋军节节败退。

这一战一打就是三年,到了公元 1273 年,忽必烈建立元朝,此时的襄阳城面临着巨大的困境。特别是元军大举围攻樊城,樊城失陷后,襄阳再无所恃,城中也早已粮草短缺、士气低落。这时,元朝派人劝降,吕文焕不得不于公元 1273 年二月举城投降。

襄樊之战后,南宋迅速败亡,公元 1279 年,陆秀夫背着南宋最后一个皇帝跳海,南宋至此灭亡。

南宋最后一位皇帝

赵昺，南宋第九位皇帝，也是宋朝最后一位皇帝。他是宋度宗的第三个儿子，宋恭帝、宋端宗的弟弟，曾被封为信国公、广王、卫王等爵位，生母为俞修容。

临安危急时，他与兄长赵昰、赵昰的母亲杨淑妃等在太皇太后谢道清暗中诏令的摄行军中事江万载为首的江氏"三古"家族将领带领的义军和殿前禁军的保护下，秘密出城，先逃到婺州，辗转又到了温州、福州，再到泉州。

宋端宗赵昰于公元1278年四月溺海受到惊吓，又因目睹了一直保护自己的大臣江万载为救自己被狂风海浪吞没，惊病交加而死。其弟赵昺遂被陆秀夫、张世杰、江万载之子江钲于同月在冈州拥立为帝；同年五月，改年号为"祥兴"。次月，迁到崖山。

公元1279年二月七日，元军从四个方向向弹尽粮绝的宋军发起突袭，宋军的船只很快被包围。

四十三岁的陆秀夫见无法突围，不愿靖康之耻重演，便在崖山背着八岁的宋末帝赵昺投海自尽。南宋在崖山的十万军民也相继投海殉国，宋王朝覆亡。

元朝

灭南宋，统一全国

　　元世祖忽必烈确立中央集权，建立了蒙汉统治阶级联合的新王朝，其弟阿里不哥则在于和林称汗。忽必烈为讨伐阿里不哥，暂决定与南宋息兵修好。忽必烈击败阿里不哥后卷土重来，当时南宋政治腐败，忽必烈趁贾似道擅权之机，制定了先取襄樊、实施中间突破、沿汉入江、直取临安的灭宋方略。

突破襄樊

　　公元1268年，忽必烈命都元帅阿术、刘整率师攻打襄樊地区，派遣枢密副使史天泽、驸马忽剌督师襄樊地区。

　　史天泽、阿术、刘整针对襄阳、樊城城防坚固而宋军擅长守城隘和水战的特点，采取筑堡连城、长期围困、水陆阻援、待机破城的战法，集十万兵力围城。同时还在万山西训练了七万水军，造五千艘战船，以增强蒙古水军力量。

在蒙古军的严密包围下，宋军七次增援襄樊均被击败，守城军多次出击未胜。经过五年的围困，襄阳、樊城外援已绝，仅靠水上浮桥互相联系。

河南行省史天泽、参政阿里海牙等采纳万户张弘范、水军总管张禧的计策，水陆夹击，先破樊城，置襄阳于内无力自守、外无援兵的境地。在诱降和军事压力下，吕文焕投降了。

元军攻破襄樊，使宋廷朝野大为震动，急忙把战略防御重点退移至长江一线。

浮汉入江

公元 1274 年九月，元大将伯颜与阿术率军到了郢州，遭到宋黄州武定诸军都统制张世杰的顽强阻截。为了减少损失、早日入江，伯颜令元军绕过郢州，经黄家湾、藤湖迂回而进。

元军集结兵力攻破沙洋、新城。同年十一月，大军进到蔡甸，准备渡江攻取鄂州。鄂州地处汉水入江口，为长江咽喉、南北要冲，是南宋的江防重镇。宋廷为阻止元军入江，命淮西安抚制置使夏贵率万艘战船控扼汉水入江口。

伯颜则以声东击西的办法，让元军进占沙芜口，屯驻江边，继而避实击虚，强渡长江成功。遂分割包围破阳逻堡、汉阳军，攻占鄂州，完成了灭宋战争的重大转折。

伯颜为保障后方安全，命右丞阿里海牙率军四万镇守鄂州，自己则率十余万大军沿江东行进。因沿江诸郡多为吕文焕旧部，所以元军所到之处，纷纷归降。

公元1275年二月，贾似道奉命督师十三万与两千五百艘战舰，于丁家洲至鲁港阻击元军。但因人心不齐，将士相继临阵脱逃，宋军一触即溃。

宋廷为挽救危局，相继发兵戍银树、东坝、四安镇、独松关、吴江等要地。后又命保康军承宣使、总都督府诸军张世杰自临安发兵三路北进抗元，先后收复广德、溧阳①、常州等地。

阿里海牙见状，率军于荆江口打败宋湖北安抚副使兼知岳州高世杰，占领岳州。旋即又攻破沙市镇，征降江陵，招降澧州、常德、峡、复、郢等州，为伯颜进军临安解除了后顾之忧。

同年七月，张世杰与平江都统刘师勇、知泰州孙虎臣率万艘战船，并把战舰以十舟为一舫锁上铁索，沉在江中，有的则横列在焦山江面，准备与元军决战。结果被阿术用水陆交战的战法击退，长江防线彻底崩溃，临安危在旦夕。

①溧阳：溧，lì。溧阳，今隶属于江苏省常州市。

忽必烈采纳伯颜建策，乘胜灭宋。命阿里海牙攻湖南，都元帅宋都带、左副都元帅李恒、汉军万户武秀、张荣实取江西，以切断南宋东西联系；命行省左丞相阿术率军攻扬州，阻淮东宋军南援；命伯颜率主力直取临安。

十月，伯颜于镇江分兵三路南攻：参政阿剌罕、四万户总管奥鲁赤等为右路军，率步骑自建康经溧阳、广德攻独松关；同行的中书省事董文炳、万户张弘范、两浙大都督范文虎等为左路军，率舟师经江阴军、许浦，由海路趋进澉浦；伯颜与右丞阿塔海率中路军向常州、平江进发，以节制诸军，会师临安。

追歼二王

公元1276年二月，南宋投降，但南宋残余势力还在各地活动。元军为了追歼南宋残部，于鄂州、临安设尚书省，下设诸路宣慰司，并命诸路将帅继续南行。张世杰被迫带宋度宗的两个皇子赵昰、赵昺逃往海上。

公元1277年五月，文天祥率军进攻江西，各地义军纷起响应。起义军相继收复了除赣州①之外所辖的九个县，吉州八县有一半被起义军占领。

①赣州：赣，gàn。赣州，今江西省省辖市，位于江西省南部。

次年二月，元西川行院使不花率重兵围攻重庆，守将张珏被俘。元军继而又攻下夔州①。八个月后，合州守将王立以弃城投降。

这个时候，后被拥立的宋帝赵昰因惊吓过度驾崩，张世杰、陆秀夫又拥立赵昺为皇帝，并带着新帝逃到了崖山。

忽必烈为彻底消灭南宋势力，命张弘范为蒙古、汉军都元帅，率领两万水、步骑军由海道南下，元帅李恒率步骑由陆路南下，会歼南宋残部。张弘范由海道攻袭漳、潮、惠三州；李恒率步骑越大庾岭入广东。

公元 1279 年正月，张弘范、李恒率军在崖山会合。他们首先控扼了海口，断绝宋军粮道。次月，又巧妙利用海潮，形成南北对进之势，并用遮障防矢石，逼近宋船奋勇拼杀，全歼了宋军。

至此，建国三百二十年的大宋帝国灭亡。

①夔州：夔，kuí。夔州，古地名，今重庆奉节县。

"崖山之后无中华"

公元 1279 年，南宋灭亡前与元的崖山海战，直接关系到南宋的存亡，也是宋元之间的决战。

战争的最后结果是元军以少胜多，宋军全军覆灭。南宋灭国时，陆秀夫背着少帝赵昺投海自尽，许多忠臣追随其后，十万军民跳海殉国。此次战役之后，赵宋皇朝陨落，同时也意味着南宋残余势力的彻底灭亡。

元朝最终统一了整个中国，这是中国第一次整体被北方游牧民族征服。南宋的灭亡标志着中国古典时代的终结，部分人认为这场海战标志着古典意义上中华文明的衰败与陨落，因此就有了"崖山之后无中华"一说。

和高丽联姻

高丽是一个小国，长期以来内乱、外患不断。为了换取元朝廷对高丽王权的支持，高丽国王元宗决定向元请求和亲。元朝公主嫁到高丽后，因为背景强大，所以为所欲为。即使是元朝公主无理取闹，高丽驸马为了高丽国的稳定、为了高丽人免遭兵祸，也只能忍气吞声，可以说是受尽了委屈。

下嫁金国

自元世祖忽必烈后，高丽的历代国王几乎都是元朝皇帝的女婿。公元 1270 年，高丽国王元宗前往大都朝见元世祖忽必烈，为世子谌 ① 求婚。忽必烈觉得女儿还小，就没有同意。第二年，元宗

---

① 谌：chén。

再次派遣使者来大都为世子谌求婚。这一次，忽必烈答应了，同意大长公主忽都鲁揭里迷失下嫁。

元宗为世子谌求婚的时候，世子谌都已经三十五岁了，而且早在十年前就已经纳了王妃，且夫妻关系很好。可是元朝公主来了后，原王妃便不得不移到别宫居住，元朝公主还不准世子谌再与原王妃有任何来往。

元宗去世后，世子谌继位，是为忠烈王。平日里，元朝公主对忠烈王动辄打骂，小则哭闹。至于干涉朝政、决定人事任免，更是家常便饭。忠烈王有苦难述，乾纲不振，以至于堂堂七尺男儿，郁闷得终日以泪洗面。

薄来厚往

蒙哥汗进攻南宋时不幸阵亡，蒙古汗国内部就出现了汗位之争。忽必烈在汗位之争中赢得了胜利，并建立了元朝。在蒙古汗国做质子的高丽世子倎及时投靠忽必烈，赢得了忽必烈的褒奖，两国关系由此改善。

忽必烈考虑到征战南宋的需要，就改变了以往对高丽的高压政策。高丽元宗为了王位的稳定、保持高丽的相对独立，请求与元朝联姻。忽必烈答应了他的请求，此后，元朝皇帝或王室成员之女嫁给高丽国王便成为一种例制，元朝公主成为元朝在高丽的代理人，在高丽拥有高于国王的权力。

元朝公主虽强势，但忠烈王对她的忍让也为高丽换来了不少好处。例如，忠烈王携元朝公主第一次朝见忽必烈时，提请废除元朝专设的高丽达鲁花赤一职，忽必烈便欣然允诺。此后，元朝还向高丽返还了两处之前侵占的高丽领土。

元朝皇帝是高丽国王的岳父，高丽国王成为元朝的驸马。高丽国王与元朝公主所生之子又被立为世子，日后再成为国王。这种极为亲近的姻亲关系，有利于元朝对高丽的控制；对高丽王室来说，借助这层姻亲关系能提高政权的安全性。高丽王实际上拥有着双重身份，既是元朝的地方官，又是高丽国的国王。这种特殊的身份，反映了高丽国作为大元帝国的附属国兼驸马国的地位。

高丽与元朝的这种姻亲关系，使得在元朝与高丽交往的历史上，高丽国王和王妃经常亲自朝见元朝皇帝。

每一次亲自朝见，高丽王不仅会带领大批人马，还要携带大量贡品。公元1284年四月，忠烈王朝见忽必烈，便带了一千二百余位臣僚，赉^①银六百三十余斤，纻布二千四百四十余匹，楮币一千八百余锭。

高丽除了要向元朝廷支付品目繁多的贡物和费用外，还要提

①赉：lài。赐予。

供数目庞大的军需用品。其中包括，向元朝派驻高丽的屯田军、镇戍军、镇边军等提供军需物资。公元 1270 年二月，驻屯西京的蒙古军向高丽"请席岛仓米，乃给米一千石，杂谷五百石，盐一百石。"高丽不仅要为驻屯军提供军粮，还要为其提供饲料、马匹等。

　　大量贡品和军需物品的输出，极大地加重了高丽人民的负担。仅公元 1295 年的三月、四月，高丽就相继输送了一万石米、一万二千一百八十石米、八千五百六十八石米到辽阳，这足以证明高丽向辽阳输送贡米的数量之大。

遵从元礼

　　高丽王室与元朝皇室联姻，以及两国统治阶层的频繁接触，使高丽的某些礼仪也颇受元朝影响。

　　忠烈王与忽都鲁揭里迷失公主所生之子王璋，与晋王甘麻剌之女宝塔实怜公主的婚礼，就是按元朝礼仪操办的。

　　王璋连续三天分别向元帝、太后和其岳父晋王献了八十一匹白马。同时，皇太后、晋王分别以数百只羊、数百坛酒设蒙古式大宴庆贺。高丽向元朝进献的白马和其他物品的数量，也都是遵从元朝礼仪的九或九的倍数。王璋之后的忠肃王、忠惠王、恭愍①王娶元朝公主时，也都是以这种方式献聘礼。

元王朝曾在高丽置征东行省，后由高丽国王兼任征东行省丞相。公元1298年，忠宣王王璋署征东行省事。

高丽宰枢及行省左右司官员谒见忠宣王时用"元朝礼"，这使得高丽朝廷有两种礼仪制度。平时宰枢、臣僚处理本国一般事务谒见国王时，用的是高丽礼仪；而宰臣、行省官员处理行省事务谒见国王兼行省丞相时，则用"元朝礼"。

①愍：mǐn。

◈ 相关链接：

忠烈王效仿蒙古发饰

因为高丽人与蒙古交往密切，且高丽国王也有意亲蒙，故而蒙古族的习俗就影响到了高丽国王。

高丽忠烈王在公元1261年时，曾以世子身份入元祝贺忽必烈击败与其争夺汗位的弟弟阿里不哥。此后，忠烈王又数次入元朝进觐。忠烈王入质后不久，就改留了蒙古发式。

忠烈王以世子身份在元朝做人质，在"开剃"的同时也改穿了蒙古式服装。公元1272年，他短期回国时，已经是"辫发胡服"。"辫发"指的是剃蒙古发式，"胡服"指蒙古式服装。

忠烈王回高丽即王位后，朝廷大臣们纷纷"开剃"，同时也效仿国王改穿蒙古式服装。忠烈王下令"境内皆服上国衣冠"，即全国人都要穿元朝式服装，戴元朝式帽子。

公元1274年，忠烈王迎接忽都鲁揭里迷失公主返回时，面对京城百官和民众的欢迎队伍，为王的他本应穿传统礼服，但忠烈王不听大臣的劝谏，坚持穿蒙古式戎服与公主同辇入城。

马可·波罗游中国

马可·波罗很小的时候就跟随父亲和叔叔沿陆上丝绸之路来到了中国，且在中国游历了十七年，并担任了元朝的官员，访问了当时中国的许多地方。回到自己的祖国后，他口述了《马可·波罗游记》一书。书中记录了他在中国的见闻，激起了欧洲人对东方的热烈向往。西方地理学家还根据他在书中的描述，绘制了早期的"世界地图"。

初到中国

马可·波罗的父亲和叔叔到东方经商的时候，就到元大都朝见了忽必烈，并带回了忽必烈写给罗马教皇的信。

公元 1271 年，马可·波罗十七岁，父亲和叔叔带着教皇的复信和礼物，并带着马可·波罗及十几位同伴再次向中国进发。

　　他们从威尼斯进入地中海，然后横渡黑海，经两河流域到达中东古城巴格达，然后改走陆路，从霍尔木兹向东，越过荒凉、恐怖的伊朗沙漠，跨过险峻、寒冷的帕米尔高原，来到中国的新疆。

　　一路上，马可·波罗就被喀什、和田两地的繁华景象和那里盛产的美玉、飘香的瓜果吸引住了。接着他们又穿过塔克拉玛干沙漠，来到敦煌古城，又被敦煌无数精美的佛像和壁画深深吸引。

　　此后，他们经玉门关来到雄伟壮阔的万里长城脚下，最后穿过河西走廊，到达元朝都城大都。马可·波罗一行人从出发到到达目的地元朝大都，已是四年后，即公元 1275 年的夏天。

深受赏识

　　到了元大都后，马可·波罗的父亲和叔叔向忽必烈呈上教皇的信件和礼物，并向忽必烈介绍了马可·波罗。聪明的马可·波罗办事干练、细心认真，并很快学会了蒙古语和汉语，因此深受忽必烈的赏识，忽必烈便把他留在朝中做官。马可·波罗除了在大都任职外，还经常奉忽必烈的命令去巡视各省或出使外国。他当过扬州总管，并奉命出使南洋，到过安南、爪哇 ①、苏门答腊等地，还到过印度各国和僧伽剌，乃至东非各国。

---

①爪哇：指爪哇岛，属于印度尼西亚，是该国的第四大岛屿，印尼首都雅加达便位于爪哇岛的西北岸。

在中国，马可·波罗先后到过很多地方。每到一处，他都会详细考察当地的风俗、地理、人情。回到大都后，马可·波罗向忽必烈称赞中国的繁盛昌明，称赞中国有发达的工商业、繁华热闹的市集、华美廉价的丝绸锦缎、庞伟壮观的都城、完善方便的驿道交通、普遍流通的纸币等。

十七年很快就过去了，公元1292年春天，马可·波罗和父亲、叔叔受忽必烈的委托，护送蒙古公主到波斯成婚。他们便借此向忽必烈提出回国的请求，忽必烈答应了他们。

马可·波罗一行人在完成使命后，于公元1295年末，终于回到了阔别二十四载的家乡威尼斯。

他们从中国回来的消息迅速传遍了整个威尼斯，他们的所见、所闻引起了人们的极大兴趣。他们从东方带回来的无数奇珍异宝，让他们一夜之间成为威尼斯的富商巨贾。

狱中写中国

就在马可·波罗回国的这一年，威尼斯和热那亚发生战争。马可·波罗参加了威尼斯舰队，不幸兵败被俘。

他在狱中被关了一年，并在狱中遇到了作家鲁思蒂谦。于是，马可·波罗把在东方的所见、所闻口述给鲁思蒂谦听，鲁思蒂谦则把马可·波罗的口述记录下来，因此才有了《马可·波罗游记》。

马可·波罗的中国之行及其游记，在中世纪时期的欧洲被认为是神话，被当作"天方夜谭"。但《马可·波罗游记》一书大大丰富了欧洲人的地理知识，打破了宗教的谬论"天圆地方"说。同时，《马可·波罗游记》对15世纪欧洲的航海事业起到了巨大的推动作用。

意大利的哥伦布、葡萄牙的达·伽马和鄂本笃、英国的卡勃特、安东尼·詹金森、马丁·罗比歇等众多航海家、旅行家、探险家读了《马可·波罗游记》后，都纷纷开始寻访中国，从此打破了中世纪西方神权统治的禁锢，极大地促进了东西方交通和文化交流。

《马可·波罗游记》打开了中古时代欧洲人的地理视野，在他们面前展示了一片宽阔而富饶的土地，强大的国家和先进的文明也引发了他们对于东方的向往，使欧洲人冲破中世纪的黑暗，走向近代文明。

"世界一大奇书"

　　《东方见闻录》俗称《马可·波罗游记》。全书分为四个部分：第一部分描写的是马可·波罗来中国时所经过的国家和地区的情况；第二部分讲述的是元朝前期的政治状况，记载了许多中国城市丰富的特产和繁荣盛景；第三部分讲中国近邻的一些国家和地区的情况；第四部分讲成吉思汗后的蒙古诸王之间的战争和俄罗斯的情况。

　　《马可·波罗游记》关于元代中国情况的记载极有价值，不仅对北京、西安、济南、开封、襄阳、镇江、常州、苏州、杭州、福州、泉州等城市的记载非常真实，还对各地的风土人情、丰富的物产以及城市建筑等都进行了详细的描绘。书中还记载了海都、乃颜之叛和阿合马事件等重大历史事件，并介绍了中国使用纸币、用煤炭当燃料的情况。

　　书中所记载的内容，使欧洲人大开眼界，让他们对东方十分向往，这本书也被誉为"世界一大奇书"。

列班·扫马访欧

　　列班·扫马是古代中国在丝绸之路上走得最远的人，他不仅横穿了整个欧亚大陆，到达了土耳其伊斯坦布尔，还坐船渡海抵达意大利，最远走到了法国波尔多。他把一生的经历都写在了一本叙利亚语的传记中，一直不被世人知晓。直到公元 1887 年，库尔德斯坦一位穷困潦倒的占星家在一个土耳其景教徒手中发现了这个手抄本，才引起世人的广泛关注。

奉命西行

　　公元 13 世纪，扫马出生在大都的一个景教家庭。他的父亲是一名巡察使，曾在大都的教会中任职。扫马自幼被认为是一个适合从事教士职业的孩子，所以一直在父亲的教导下学习经文。扫马二十三岁时，接受洗礼成为一名景教徒。

扫马之所以能够顺利西行，是因为蒙古完成征服后，从中国中原到西亚、东欧的万里边界都处于蒙古帝国的控制之下，丝绸之路第一次处于完全无障碍的局面。

在保护贸易、保障旅行安全、自由通行以及宗教自由等方面，蒙古的大汗们要比当时的基督教或伊斯兰教的掌权者们开明得多。除此之外，由于蒙古军队强势，许多西方国家的基督教也很希望和蒙古联系，来对抗阿拉伯伊斯兰教势力。

公元1275年，列班·扫马与同族的马可决定去耶路撒冷朝圣。另外，他们还肩负着前往欧洲收集情报、了解各国动向的秘密使命。他们跟随着一个商队从大都出发，沿丝绸之路南线经过河西走廊，穿越白龙堆沙漠，然后通过塔里木盆地南道西行到和田，再经喀什翻越葱岭辗转来到今哈萨克斯坦的塔拉兹。

在那里，扫马和马可见到了窝阔台汗之孙海都，并获得了海都颁发的通行护照，因此一路顺畅无阻。

他们沿着丝绸之路的古道继续西行，进入伊利汗国统治下的波斯地区，经马什哈德、马拉盖到达大不里士。一路上，他们还遍访所存不多的基督教教堂和修道院，并会晤了各教会的权威人士。

他们在大不里士城遇到了景教大总管马屯哈，马屯哈得知他们会讲蒙语和突厥语，而且还是元大都大汗身边的人，便想让他俩为传教事业服务。

公元 1280 年，景教大总管马屯哈任命马可为当时中国北部两大教区"契丹城市和汪古都"的大主教，任命扫马为巡察总监，派两人回国传教。

于是，扫马和马可两人便动身返乡。第二年，由于马屯哈死于巴格达，他们二人便放弃前行，赶回巴格达为马屯哈奔丧。

随后，新的大总管选举中，马可被各地主教一致推选为"东方教会大总管"，称为"雅伯拉哈三世"，身价倍增。

出访欧洲

成吉思汗去世后，蒙古的四大汗国逐渐分裂。虽然名义上还承认元朝皇帝忽必烈的"大汗"地位，其实却在彼此征战。

占据波斯的伊利汗国，因被与元朝为同支的成吉思汗家族所统治，所以彼此有紧密的结盟关系。伊利汗国的君主阿鲁浑实际上是希望借助忽必烈和靠近欧洲的基督教国家的力量，对抗伊斯兰教势力以及其他蒙古汗国的侵扰。阿鲁浑甚至答应收复耶路撒冷后归还给基督教，作为合作的报酬。

当时罗马教廷和欧洲各国经过数次十字军东征失败后，仍未放弃占领阿拉伯领土建立耶路撒冷王国的计划，也渴望获得外援。

因此，兼具基督教徒、蒙古人、忽必烈密使三重身份的扫马与马可，便被推到了显赫的位置，成为东西方交往的重要中介人物。

在这种复杂的背景下，公元1284年，扫马奉阿鲁浑的命令，率使团出访欧洲。

率团西行

公元1287年三月，扫马带领使团从巴格达出发，沿古商路西行到黑海，然后又乘船到达拜占庭帝国都城伊斯坦布尔，受到安德罗尼古斯二世的热情款待。后来，他又乘船航行两个月来到意大利的那布勒斯港。

途中，扫马还于公元1287年六月遇到了安茹人同亚拉岗人的海战。不过当他们从那不勒斯登陆赶到罗马时，才得知教皇鄂鲁诺四世已经于公元1288年四月去世了。

由于当时的新教皇尚未选出，扫马只得继续西行。三个月后，他们来到法国首都巴黎，并向法国国王腓力四世呈交了阿鲁浑的信件及礼物。

腓力国王给予扫马极高的礼遇，答应派军队帮助阿鲁浑夺取耶路撒冷，还表示愿意派遣使臣携带回信去见阿鲁浑。

在法国，腓力国王邀请扫马一行人访问了巴黎大学以及法国

的名胜古迹。

在巴黎停留一个多月后，扫马又在加斯科尼拜见了英国国王爱德华一世。爱德华一世得知阿鲁浑要约请欧洲各国共同收复失地，非常高兴，还因此厚赠了扫马等人。此后，扫马又带着使团于十二月到达热那亚，在那里过冬并等候罗马方面的消息。

第二年春天，教皇尼古拉斯四世继位。新教皇很快接待了扫马一行人，扫马则向新教皇递交了阿鲁浑及大总管雅伯拉哈三世送的礼物及书信。新教皇对阿鲁浑优礼基督教和准备约请欧洲各国共同收复失地的举动，表示了感谢。

公元 1288 年四月，扫马一行人在详细观看了复活节庆典后，带着一大批信件和礼物在腓力国王公使团的陪同下离开罗马，经热那亚顺原路返回。

公元 1294 年，扫马在巴格达去世，他的同伴马可也于公元 1317 年死于大不里士。

扫马带来的传教士时代

扫马之后，丝绸之路上迎来了传教士时代。这些传教士包括著名的教士孟特戈维诺、鄂多立克，以及教皇特使马黎诺里等人。其中，孟特戈维诺在中国传教的时间长达三十四年之久。

传教士的到来，促进了中国与欧洲国家间的相互了解与交流。这一时期，中国的印刷术、火药武器等科学技术陆续传入波斯、阿拉伯及欧洲。同时，波斯、阿拉伯发达的天文、医学等成就，也被大量介绍到中国。

列班·扫马对列国的出使，使罗马教廷更加相信，元朝皇帝与各汗国统治者崇信的是基督教，因而遣教士孟特戈维诺等东来，促进东西方文化交流。

农业学家王祯

忽必烈做了大汗后，一心想着壮大国力。他觉得农业发展对国家的意义重大，便设立了专门管理农业的部门"劝农司"。同时，他还任用了一大批懂得农业的人担任劝农官，督促农业生产，并撰写农业方面的专业著作。山东东平人王祯便是其中杰出的一位。

田间地头

公元1295年，王祯被忽必烈任命为宣州旌德县的县官。他在任职期间，生活俭朴，把自己的俸禄全都捐给了地方兴办学校、修建桥梁道路、施舍医药，百姓们亲切地称赞他"惠民有为"。王祯和中国古代许多知识分子一样，继承了传统的"农本"①思想，

---

①农本：即以农业为立国之本。见《韩非子·诡使》：仓廪之所以实者，耕农之本务也。

认为国家的根本是农业，不管是中央朝廷，还是地方官府，首要任务就是抓好农业生产。

王祯在旌德和永丰任职时，劝农工作取得了很大成效。他规定：农民每年要种若干株桑树；每当到了麻、苎、禾、黍、牟①麦等作物播种或收获的时候，他都会走进田里——加以指导；同时还为农民画出"钱、镈②、耰③、耧④、耙、麴⑤"等农业用具的图形，让老百姓对照着制造和使用。

为了鼓励老百姓从事农业生产的积极性，他还以身作则亲自从事农业生产，从中得出了许多耕织、种植、养畜的丰富经验。

一天，他到田间视察时发现，一些田里的庄稼高而葱郁，一些却长得又黄又矮。他便问田里的老百姓："这庄稼是怎么了，怎么长得良莠不齐？"

老百姓回答说："我们下种比别人晚了几天，错过了农时。"

王祯又问："那你知道什么时候下种最合适吗？"

老百姓摇摇头道："我们都是看时候差不多了就种，至于什么时候该种、什么时候不该种，我们也不知道。"

---

①牟：móu。大麦。

②镈：bó。古乐器，一种单独悬挂的大钟。

③耰：yōu。古代弄碎土块、平整土地的农具。

④耧：lóu。播种用的农具。

⑤麴：qū。酒母。

　　王祯的心一沉，为了不使老百姓再错过耕种的最佳时期，他当即便下决心要为老百姓写一本有关农业生产的书。

　　下定了决心，王祯就开始行动了。他向有经验的农夫请教，并且自己做实验。对每一种农具的使用，每一种庄稼的外观、生长习性，以及播种、培育方法等都一一进行了绘图说明。经过数年的刻苦研究，他收集到的文字、图片资料竟达数尺之高。

　　经过不懈的努力，王祯终于编撰出了《王祯农书》。该书将王祯所处时期的农业同历史上的农业生产相结合，使元代的农业成为我国农业史上的重要部分。这本书全书约有十三万字，插图三百多幅，共分三十七卷，分为"农桑通诀""百谷谱""农器图谱"三大部分。这三大部分都内容丰富，条理分明，是我国古代农业生产中一部完整而系统的著作。

"农桑通诀"

　　为了不再使老百姓误了最佳播种时机，王祯经过反复推敲，并向懂气候的人请教，在书里向人介绍了一个同心的八层圆盘制作的《授时图》。这个八层圆盘，里面分别画着指向确定季节的北斗星、标着表示天地变化的天干地支、表示春夏秋冬的四个季节、七十二候应以及什么时候该从事什么样的农业活动。王祯用一个圆盘就解决了老百姓一直都搞不清楚的农时问题。

《王祯农书》一书中的"农桑通诀"是王祯对农业科学以及农、林、牧、副、渔及水利的综合性总结。开头部分，王祯从"农事起本""牛耕起本""蚕事起本"三个方面，讲述了农事和蚕桑的起源。并以"授时"和"地利"两篇探讨农业生产客观环境的复杂性和规律性，强调农业生产中"时宜"和"地宜"的重要性。在尊重天时、地利等自然规律的条件下，全面系统地阐述人事的各个方面，其中包括垦耕、耙劳、播种、锄治、粪壤、灌溉、收获等专篇，概述农业种植中的各项问题。

"农桑通诀"还分列"种植""畜养""蚕级"等专篇，阐述林、牧、副、渔等广义农业各个方面的内容。还以"孝弟力田""劝助""蓄积"等篇章，宣扬了封建官府的重农思想和劝农措施。

"农桑通诀"问世以后，人们对广义的农业内容和范围，以及农业生产中的客观规律性和主观能动性的各个方面，都有了清晰的认识。

"百谷谱"

《王祯农书》中的"百谷谱"讲的是各种农作物的品种、特性、栽培、种植、收获、贮藏、利用等各方面的知识。

书中所介绍的农作物共有八十多种，分为谷、蔬、果、杂等六大类。其中还包括各种植物性状的描述，如谷属中的粱，王祯描述为：茎和叶的形状都像小米，但果实的颗粒要比小米大，穗带有尖尖的芒；谷属中的蜀黍，则记载：茎有一丈多，生在茎顶端的果实大如扫帚，果实的颜色是漆黑的，好像蛤蟆的眼睛；瓜属中的冬瓜，是果实长在藤蔓下方，和斗笠一样大小，多是长形的，皮厚而有毛，刚开始是青色，经过霜降后瓜上就会生一层白色粉末，瓜肉和瓜子都是白色的；瓜属中的芡，则是叶子像荷叶，但是表面有刺，花开的时候向着阳光，果实结在花的下面。

"农器图谱"

在《王祯农书》问世之前，唐代陆龟蒙曾著有《耒耜经》一书。但是，陆龟蒙所介绍的农具以江东犁为主，耙、砺泽等水田耕作农具的记载只是一少部分，且没有图。

南宋曾之谨的《农器谱》所收录的农具种类，不仅没有王祯的多，且也没有图。在《王祯农书》之后的农书中，如《农政全书》《授时通考》等，虽然也有"农器图谱"，但是多来源于《王祯农书》，并没有增加新内容。

"农器图谱"具体分为田制、耙扒、蓑笠、杵臼、仓廪、鼎

釜、舟车、灌溉、利用、蚕桑、织纤、扩絮、麻芒等二十个大类，二百五十七种农业机械和工具。

　　为便于农人使用，王祯还给这些农业机械、工具绘制了详细的图谱，并把每幅图都标上文字说明，这也是王祯在古农书中的一大创造。

中国古代五大农书

在中国古代的农业学专著中，有五部被称为中国古代五大农书，分别是《氾①胜之书》《齐民要术》《陈敷农书》《王祯农书》和《农政全书》。

除了元代王祯所著的《王祯农书》外，西汉氾胜的《氾胜之书》是我国历史上最早的农业科学著作，这部书总结了"区田法"的耕作方法，还介绍了"穗选法""浸种法"等选种方法和育种方法。

《齐民要术》是北魏贾思勰著，这是一部系统完整的农业科学著作。书中对农、林、牧、副、渔各方面都有详尽论述，被誉为农业百科全书。

宋代陈敷著的《陈敷农书》是我国古代第一部谈论水稻栽培种植方法的书籍。陈敷自耕自种，并刻苦钻研，直到七十四岁时才完成这部著作，对古代的农业生产做出了巨大贡献。

《农政全书》的作者是明朝的徐光启，徐光启在借鉴前人经验的基础上，加入自己的研究经验和成果，涉及面非常广，是一部名副其实的农业百科全书。

---

①氾：fán。

脱脱"更化"

当年，成吉思汗横扫了欧亚大陆。但是，蒙古帝国的辖区元朝，在中原大地上却只存在了不到一百年的时间。究其原因，还是因为缺少相应的制度和文化来巩固刚刚建立的政权。脱脱"更化"无疑是元朝的最后一根救命稻草，只是，尽管进行了多方面的改革，但脱脱本人却没能摆脱被人陷害的命运。脱脱一死，元朝从此再无起色，直到灭亡。

伯颜擅权

公元1333年六月，妥懽①帖睦尔继承王位，史称元顺帝。这时，燕铁木儿虽然已经死了，但其家族的势力仍然十分强大。元顺帝便表面上继续尊重燕铁木儿家族，暗中却扶植逐渐强大的伯颜势

①懽：huān。

力与之抗衡。

随着燕铁木儿家族的覆灭，伯颜及其家族的势力迅速上升。平定唐其势政变的第二天，伯颜的弟弟马扎尔台就担任了御史大夫，同时仍兼管高丽女真汉军和阿速卫亲军。不久，马扎尔台又被任命为知枢密院事，掌握了更多兵权。平乱的第二个月，即七月底，元顺帝下令废除中书左丞相一职，以伯颜一人担任中书右丞相，独揽朝廷大权，同时还赐给伯颜世袭答剌罕的称号。

伯颜几近独掌国政，其政治势力迅速扩大。中书省、枢密院官员大都出自其门下，每次退朝，属于伯颜的朝臣便一哄而散，朝廷几乎被伯颜架空。

公元1337年，河南棒胡、广东朱光卿起义。伯颜以此为借口，在四月下令禁止汉人、南人、高丽人携带并拥有兵器，也不准拥有马匹。他还规定中书省、枢密院、御史台、六部等长官之职均用蒙古人、色目人担任，并不准汉人、南人学习蒙古、色目文字。

君臣联手

伯颜的权力日益增大，与元顺帝的矛盾也变得越发突出。为了控制元顺帝，伯颜派自己的侄子脱脱出入内廷，监视元顺帝的起居和言行。

不过脱脱担心事败后会和燕铁木儿家族落得一样的下场，便暗中向元顺帝自陈殉国忘家的意思，由此取得了元顺帝的信任。

公元 1340 年初，伯颜亲自率领兵卫，邀请元顺帝出猎柳林。脱脱提醒元顺帝要推辞不能去，元顺帝便派太子燕帖古思代自己出猎。

二月十五日，脱脱用自己统率的宿卫军控制了京师所有城门。当夜，元顺帝驾临玉德殿，急召近臣任家奴、沙剌班及省院大臣先后入见。同时，还派人连夜赴柳林召还太子。

第二天，元顺帝下诏历数伯颜之罪，将其贬为河南行省左丞相。同诏表示只处罚伯颜一人，决不牵连其他人。伯颜统率的各卫亲军闻讯后纷纷回到本卫，不再听从伯颜指挥，伯颜只好南下就职。同年三月，元顺帝又将伯颜迁往南恩州阳春县安置。

伯颜被贬黜后，元顺帝起用脱脱当政。

启用新政

次年改元至正，元顺帝宣布"更化"。更化的意思就是改革，改变现有的制度。

在我国封建社会，自隋唐以来，就采用考试来选拔官员。元朝时实行较迟，在伯颜把持朝政后又被废除。脱脱为了稳定人心，扩大知识分子，特别是汉族知识分子的权力，第一件事就是恢复科举。

伯颜时期，朝廷为政严苛，百姓苦不堪言。脱脱上台后，免除了百余项百姓拖欠朝廷的税收，同时还对汉人、南人放宽了政策，使民族矛盾得以缓解。

伯颜掌权时倒行逆施，并不断排斥、打击与自己政见不合的人。伯颜曾为自己的儿子向郯[1]王彻彻秃的女儿请婚，彻彻秃没有同意。恼羞成怒的伯颜便与知枢密院事者延不花密谋，于公元1339年唆使昌王实蓝朵儿只诬告郯王彻彻秃谋反。

当时彻彻秃正在和林，被征下枢密院狱，鞠[2]其家奴，根本没有半分辩解的机会。公元1339年十二月，伯颜就在光熙门外诏杀了彻彻秃，彻彻秃的子孙都被流放。

公元1340年二月，脱脱查明真相，为彻彻秃平反昭雪，此举受到朝中官员和民间百姓的赞扬。

编修历史

中国历来都有修撰前朝历史的传统，元朝建立以后，宋、辽、

---

①郯：tán。
②鞠：jū。审问犯人。

金三朝的历史一直都没有人正式整理过。为了完成这一任务，公元1343年，脱脱任命汉族、畏兀儿、蒙古等民族的学者参与纂修三朝历史，开创了各族史家合作修史的先例。

公元1344年三月，《辽史》编成。《辽史》是记载以契丹族为主体建立的辽国的纪传体史书，它包含本纪三十卷、志三十二卷、表八卷、列传四十五卷、国语解一卷，共一百一十六卷。

公元1344年十一月，《金史》也编成了，共一百三十五卷，后附《金国语解》一卷。《金史》史实比较完备，再加上编写比较得体，所以是三史中修撰得最好的一部。《金史》在本纪前设世纪一卷，记述的是女真先祖被追封为帝的事，本纪之后又设世纪补一卷。《金史》增交聘表，专记金与宋、西夏、高丽等国和战、庆吊、往来的情况，这些都是修正史的创新。

公元1345年十月，《宋史》编成，计四百九十六卷。这三部史书，后来都被列入中国正史"二十四史"。

脱脱是元朝后期较有作为的政治家，他在任的四年多时间里，他的改革使元朝末年的昏暗政治渐渐有了起色。

元顺帝发行至正通宝

至正通宝是公元1350年后铸行的钱币，大小均有，并且部分钱币背面铸有八思巴文。

那时的元朝统治已经到了无药可治的地步，元顺帝的治国之志早已消失殆尽。他整日与嫔妃嬉戏淫乐，不理朝政，为了笼络人心，还时常对宗室贵族、官僚宠臣、寺院僧侣滥行赏赐。由于他挥霍无度，加上各地灾荒频起，致使国库空虚，财力艰难。

为了充实国库，元顺帝命罢相多年的中书右丞相脱脱复出，令其改革钞法。并于公元1350年十一月，成立诸路宝泉都提举司，发行"至正交钞"，规定新钞每贯合铜钱千文或"至元通行宝钞"两贯，同时又开铸"至正通宝"铜钱。

可由于钱币的发行量极大，引起了恶性通货膨胀，物价一夜之间暴涨十倍，致使原来发行的交钞只能用来糊墙。

红巾军起义

　　红巾军起义是韩山童、刘福通、徐寿辉等领导的元末农民起义，爆发于公元 1351 年的颍州。因起义军头上裹着红围巾，故称为"红巾军"。"红巾军"虽然失败了，但是农民军却坚持斗争了长达十八年，历经大小数百次战争，波及大半个中国，对瓦解和推翻元朝统治起了决定性作用。

起义原因

　　元朝后期，以蒙古族贵族为首的统治阶级，对各族特别是汉族人民的掠夺和奴役十分严重。他们疯狂兼并土地，把广阔的良田变为牧场，驱逐佃户，大部分农民因为失去土地而沦为奴隶。官府横征暴敛，苛捐杂税名目繁多，全国税额比元初时增加了二十倍。

　　元朝统治者同样挥霍无度，到处搜罗财宝，强抢民间女子，天天供佛炼丹。朝廷财政入不敷出，便滥发货币，致使物价飞涨。再加上黄河连年失修，多次决口，导致民不聊生，百姓怨声载道。

公元 1344 年五月，黄河水暴涨，白茅堤、金堤相继决口。沿河州郡先遇水灾，又遭旱灾、瘟疫，灾区人民死者过半。

黄河决堤后，冲坏了山东盐场，严重影响了元朝朝廷的国库收入。公元 1351 年四月，元顺帝命贾鲁为工部尚书、总治河防使，强征民工十五万人开凿两百八十里新河道，使黄河东汇入淮河入海。由于工时紧迫，监督挖河的官吏乘机克扣河工"食钱"，致使河工挨饿受冻，群情激愤。

公元 1350 年底，元顺帝变更钞法，滥发纸币，造成物价飞涨，促使社会矛盾进一步激化。

北方白莲教首领韩山童及其教友刘福通等决定抓住这一时机，发动武装起义。他们一面加紧宣传"弥勒下生""明王出世"，一面又散布民谣称"石人一只眼，挑动黄河天下反"，同时还在暗地里凿了一个独眼的石人，埋在河工们即将挖掘的黄陵岗附近的河道上。

很快，独眼石人被施工的河工们挖了出来。河工们对此惊诧不已，反抗情绪愈加强烈。

刘福通和韩山童见时机已经成熟，便聚众三千人于颍州颍上，杀黑牛、白马，誓告天地准备起义。刘福通称韩山童为宋徽宗八世

孙，并自称为南宋名将刘光世的后代。韩山童发布文告，表示自己要推翻元朝、恢复大宋的决心。

不过，起义因事前走漏风声，遭到了官府的围剿，韩山童牺牲。韩山童的妻子杨氏、儿子韩林儿逃到武安。刘福通突围后，又组织红巾军进攻颍州。

红巾军占领颍州后，元朝廷遣枢密院同知赫厮、秃赤率阿速军及各路汉军前往镇压，被红巾军击败。接着，红巾军又占领亳州、项城、朱皋。

九月，红巾军攻破汝宁府，又占领了息州、光州，人数已达十余万。红巾军所到之处，开仓放粮、赈济贫农，深得百姓拥护。百姓纷纷加入红巾军，队伍迅速扩大到几十万人。

在红巾军的影响下，全国各地农民纷起响应。人数较多的有蕲水的徐寿辉部、萧县的芝麻李部、南阳的布王三部、荆樊的孟海马部、濠州的郭子兴部等。

为推翻元朝的反动统治，起义军提出"以明斗暗"的口号，鼓舞百姓与封建官府做斗争。北方红巾军从公元1355年开始主动出击。二月，刘福通将韩林儿迎至亳州，立韩林儿为"小明王"，国号"大宋"，年号"龙凤"，建立了北方红巾军的革命政权。刘福通任枢密院平章，不久后任丞相。

三路北伐

公元1357年，刘福通分兵三路北伐。东路由毛贵率领，经山东、河北进攻元大都；中路由关先生、破头潘等率领，攻向山西一带，经大同直捣元上都，烧毁蒙古皇宫，然后继续转战辽东各地；西路由大刀敖、白不信、李喜喜率领，直趋关中，攻下兴元、凤翔，转战四川、甘肃、宁夏各地。农民起义军节节胜利，元朝官员不得不四散逃命。

元朝统治者惊慌失措，派遣的回军、汉军溃败后，又派御史大夫也先帖木儿带兵镇压，结果又大败而归。元朝统治者搜罗一切力量进攻，但都被红巾军挡了回去。

红巾军英勇抗击官兵和地主武装，但由于兵力分散，三路大军流动作战，没有固定的根据地，又缺乏周密的作战计划，所占领的土地很快又被夺走了。三路大军北伐相继失利，察罕帖木儿和孛罗帖木儿率领的两支元军也进一步缩紧了对红巾军的包围。

公元1363年二月，早已占领濠州的张士诚趁安丰^①空虚之机，派遣将领吕珍一举攻破安丰。

红巾军领袖刘福通遇难，中原地区的红巾军被地主武装镇压下去。公元1363年，红巾军建立的韩宋政权灭亡。

---

①安丰：始建于唐开元年间，地处里下河与沿海交接处。古以商贾云集而闻名，今以经济腾飞而获誉。

❀ 相关链接：

朱元璋投靠红巾军

朱元璋年轻时跑到濠州，要投奔郭子兴。郭子兴觉得朱元璋相貌奇特、气宇不凡，就把他留了下来，作为亲兵。

此后，朱元璋凭着自己的精明强干，逢战必胜，逐渐得到郭子兴的喜爱。郭子兴便把收养的马公之女嫁给朱元璋，也就是后来的马皇后。

在红巾军中，郭子兴与孙德崖等人不合。有一次，郭子兴中计差点被杀，全靠朱元璋救命才逃过一劫。从此，朱元璋更得郭子兴的信任。

后来朱元璋回到老家，替郭子兴招兵买马，很快就召集了七百多人，并带回军中献给郭子兴，郭子兴升他做了镇抚。

朱元璋因何崛起

朱元璋从社会最底层逐步壮大势力，最终做到力压群雄。在消灭陈友谅、张士诚等主要竞争对手后，正式登基为帝，成为中国历史上继秦、汉、晋、隋、唐、元之后，第七个统一中国且长达二百七十六年的大明王朝的开国皇帝。朱元璋只用了十五年便打下江山，成为泱泱大明朝的明太祖。他是如何做到的呢？

严肃军纪

朱元璋统属的起义军，原属于郭子兴的旧部，后又陆续收编了一些地主武装及军中人员，极为庞杂。每次攻城成功之后，士兵们都会掳掠妇女，不管未嫁还是已婚。

一天，朱元璋出营时遇到一个小孩。小孩伤心地说，他的父母都在军中，父亲为军官喂马，母亲则是被掳去的。他的父亲和母亲不敢相认，母子也因此不得团聚。朱元璋听后，心里五味杂陈，第二天便下令把军队中所有的妇女全都放了回去。

公元1355年，朱元璋带领部队攻占和州，杀伤甚众。朱元璋下令城破后，士兵只能占有未婚嫁的女子，有丈夫的不得强占。朱元璋不准士兵强占有丈夫的女子，虽不能算是纪律严明，但毕竟已经有所限制，说明他已经开始注意到了建立纪律。

同年六月，朱元璋督军攻打太平。事前，他激励兵士说："前面就是太平府，女子玉帛，无所不有。若破了州城，随你们取去！"

但是城破了之后，朱元璋命幕僚李善长写下不许官兵掳掠的禁令，且四处张贴榜文。有一个士兵违令抢了百姓的东西，主将制止他也不听，朱元璋立即将其斩首示众。

公元1356年三月，朱元璋攻下集庆（今南京）。他对百姓说，他起兵的目的是除暴安民，他将以身作则，铲除地方恶势力，不损害百姓一点利益。

出兵前，朱元璋严令告诫所有将士，攻破城池后，不准掳掠百姓，更不准滥杀无辜，否则军法处置。果然，镇江破后，百姓没有遭到劫掠，所住的房屋也没有受到任何损毁。

朱元璋统率的农民起义军在作战中逐步建立起了越来越严格的纪律，极大地提高了作战能力，也在民众中赢得了声誉。

招纳儒士

朱元璋在建立军纪、整饬军队的同时，还留心治国方术，招纳了许多儒士作为自己的参谋。

从渡江之初，朱元璋就任命李习知为太平府事、陶安为参幕府事。攻破集庆后，又重用儒士夏煜、孙炎、杨宪等人。

公元1358年十二月，朱元璋攻下婺州后，招请当地有名的十三位儒士为他讲经史，陈说治道。后又命知府王宗显开郡学，延聘名儒叶仪、宋濂等为经师，戴良为学正。

婺州是南宋传授理学的名地。元末战争中，学校停课许久。朱元璋重开郡学，获得了许多地主文人的支持。很多名儒望族，如丽水人叶琛、龙泉人章溢、青田人刘基，原来都在元朝做官，且参与过镇压起义。朱元璋占据了处州后，叶琛、章溢逃往福建，刘基回转青田，都拒绝与农民军合作。朱元璋派人再三邀请，且以礼相待，终于在公元1360年三月，这些人感动于朱元璋的诚意，相继来到应天。

朱元璋尊称刘基、章溢、叶琛与宋濂为四先生，很客气地说："我为天下屈四先生。"并在应天特设礼贤馆，招纳儒士，给以礼遇。从此，这四人成为朱元璋在政治上的左膀右臂。

养精蓄锐

公元 1356 年，朱元璋攻下集庆，改名"应天府"，又接受韩宋任命的官职，为江南等处行中书省平章，部下诸将奉其为吴国公。公元 1357 年，朱元璋攻下婺州后，拜访了当地名儒朱升。

朱升劝朱元璋"高筑墙，广积粮，缓称王"，朱元璋接受了朱升的建议。

当时，朱元璋虽然已独立成军，但为了不使自己太过吸引人的关注，他仍然尊奉韩宋，没有早早地建号称王。他在婺州设浙东行省，张挂两大黄旗，上面写着"山河奄有中华地，日月重开大宋天"，以表明自己与韩宋的目标一致。

公元 1359 年，朱元璋又接受了小明王韩林儿授予的江西行省左丞相的称号。公元 1361 年，小明王加封朱元璋为吴国公。公元 1363 年，朱元璋亲自领兵救援安丰，迎回小明王，并把他安置在滁州。从此，小明王成为朱元璋手中的一面旗帜。

朱元璋以应天为据点和指挥中心，小明王远在滁州深居宫殿，并不过问军政。

公元 1364 年，朱元璋灭陈友谅后，大势渐成，自立为吴王，并设置相帅，在应天组建了一个小朝廷。但名义上，他仍然继续尊奉韩宋，发布号令称"皇帝圣旨，吴王令旨"，年号用"龙凤"，

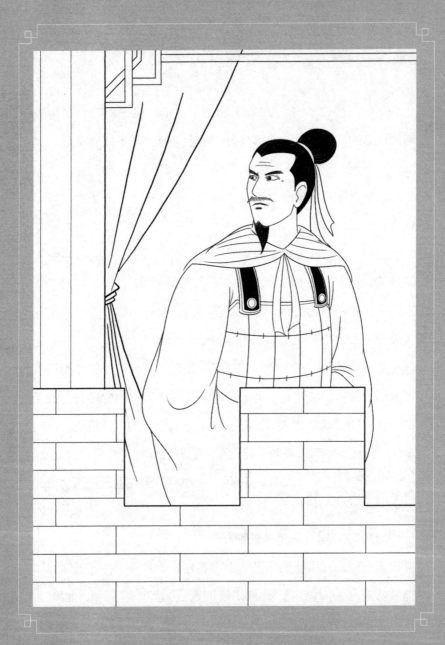

农民军全着红色军装，树立红色旗帜，以表明继承红巾军的传统。

朱元璋在相当长的时间里尊奉韩宋，不自建国号，既避免了树大招风，又表明了奉红巾军正统。在军事上和政治上，都处于有利的地位。

朱元璋立足应天，稳步发展，聚集了大量财力和兵力，为"平定天下"做好了足够的准备。

朱元璋教女

在民间，出嫁的女儿不能在娘家过年，也不许正月初一回娘家拜年，要到正月初二才可以。这样的习俗，源自明太祖朱元璋和皇后马秀英教育女儿。

朱元璋当了皇帝后，安庆公主便下嫁给了都尉欧阳伦。有一年除夕，朱元璋已出嫁的女儿们都回婆家过年去了，唯有新出嫁的安庆公主嫌婆家寒酸，仗着自己是皇帝之女，不肯回去，非要留在宫中。

一向对子女管教极其严格的马皇后便对安庆公主说："你既已为人妻子，便是夫家的人，就要孝敬公婆、体贴丈夫。"

马皇后见安庆公主不吭声，便开导她："你仗着自己是皇帝的女儿便不回婆家，他们虽然嘴上不敢说什么，但换作是你，你会高兴吗？将来你当了婆婆，你的儿媳是公主，过年也不回家，你高兴吗？"好说歹说，安庆公主总算是回了婆家。

岂知，大年初一早上，朱元璋正和儿孙们在宫院里放鞭炮时，安庆公主就和驸马欧阳伦又回来了。朱元璋便问：

"你给公婆拜过年了吗？"安庆公主摇头一笑。

朱元璋大怒道："我虽为皇帝，但也是平常人。你不先给公婆磕头，却大老远地来拜我？这叫我的脸往哪搁！去，你先去给你的公婆拜年！"

从此，每到过年时，公主们都只能初二回娘家给父母拜年。

王冕守节

　　王冕是元代文坛颇有影响力的诗人，也是当时画坛上以墨梅开创写意新风的花鸟画家。他因对元朝统治不满而终身未出仕做官，元末时，朱元璋派人上门邀他为官，他居然以出家相避，是一个十分有气节的文人。

以诗潜怀

　　王冕少年时便刻苦作画，勤奋苦学，但因仕途无望，便到杭州游历。

　　在游历途中，他遇到一个四处招摇撞骗的回族人。回族人在元朝属于色目人，地位高于汉人和南人。这个回族人在城里四处说自己的花驴儿通人性，会说回族语言。城里当官的听说了这头奇特的花驴儿，都纷纷跑来花钱观看。当时江南洪涝成灾，百姓连饭都没得吃，这头花驴儿却有足够的粟米吃，这一幕让王冕气愤不已。

他回到旅馆就作了一首诗，表达心中的愤懑："归来十日不食饭，扼腕攒眉泪如雨。"这是他对元朝统治者不关心百姓疾苦的愤怒表达，也是对元朝实行的民族四等级制度的不满和抗议。

到了北方后，王冕见识到了那些统治者的耀武扬威，胸中怒火越发不可抑制，同样也赋诗发泄心中的苦闷："唤鹰羌朗声似雷，骑马小儿眼如电。总造无知痴呆子，也逞虚威拈弓箭。老儒有识何以为？空指云山论文献。君不闻一从赵高作丞相，吾道凋零如袜线。"

南归的途中，王冕又遇黄河决堤，沿河州县田园房舍皆淹没，而官府却视而不见，依旧终日沉迷在酒肉声色当中。王冕见此情景，就对他的朋友张辰说："黄河北流，天下自此将大乱，我也只好南归了。"

路过淮河时，王冕认识到自己孤傲正直的胸怀和残酷的现实是相违背的，便作诗《南归》自我解嘲："去岁离南去，今年自北归。过淮浑酒贱，出水白鱼肥。磊落同谁语，孤高与世违。最怜谯国子，潦倒说兵机。"

画讽权贵

元朝大官僚蒙古泰不花很喜欢王冕的画，时常派人到王冕的住处索要画作。如若不给，就赖着不走，闹得王冕十分不安。

后来，王冕不得已进了泰不花的馆舍，做了泰不花的食客。泰不花想用王冕为谋士，但被王冕严词拒绝了。

王冕笑着对泰不花说："尚书先生不要见怪，你太不聪明了，再过几年，这里就会成为狐兔出没的场所！还做什么官？"

元末明初历史学家、翰林学士危素久闻王冕的大名，便向王冕求画。但王冕认为，忠臣不事二主。危素如今虽是朱元璋的高官，但他弃元投朱，同样被王冕所不齿。

一天，住在钟楼街的危素骑着马专程来到王冕的住处，想向王冕求画。王冕见有来客，只是礼貌性地向危素行了个礼，便专心作画，并没有跟危素说话。

直到过了许久，王冕见危素实在无趣，才勉强问了危素一句："住在钟楼街的人是你吗？"

危素见王冕终于肯说话了，便大喜道："正是，正是，正是在下！"

岂知，王冕问了这么一句，就再也没有下句了。

隐逸山野

通过游历祖国的山水，王冕看破了人情势利，从此放弃出仕为官的念头，便效仿东汉末年未出仕时的诸葛亮，并隐居于九里山水南村，自号"老龙"。

他白天参加体力劳动，种植稻、粱、桑、麻，晚上作画，过着"淡泊以明志"的半饥半饱生活。

王冕做了山农后，生活日益窘迫，乡里人都瞧不起他。更令他自责的是，他不能供养自己的父母。父亲去世时，他在悲痛之余，仍然过着"酸辛甘自爱，褴褛愧妻儿"的生活。为了使母亲安享晚年，他把母亲送到绍兴城里疗养。

到了绍兴，他的朋友李孝光想推荐他为府吏。王冕却婉拒道："我有田可耕，有书可读，岂肯到别人家里任人使唤。"

随后，他的母亲想回老家。为了使母亲回去得风光些，清贫的王冕便依照《楚辞图》上屈原的样子，给自己做了一顶极高的帽子和一件宽大的衣服，又买了一乘牛车载上母亲，唱着山歌把母亲送了回去。

山洞避官

到了元朝后期，朱元璋率领的农民起义军平定了婺州后攻克越州，并屯兵枫桥九里村，朱元璋因闻得王冕的大名，便派大将军胡大海去请隐居的王冕出山，准备授予王冕咨议参军的职务。

王冕得知朱元璋要请自己做官，非但没有欣然接受，反而带着一家老小收拾东西连夜逃到离九里村三十里之遥的赵家镇赵家新村躲了起来。

赵家新村的村西有一座酷似大象和一座酷似狮子的山。此前，王冕曾多次到赵家镇的上京村荐福寺山上拾花乳石，作为治印的材料。因此，他对这一带的地形非常熟悉。

逃到这里的王冕和妻小在象鼻洞口内支起一根木柱，在洞顶又架起一根横梁，还在洞口反搭起一张草坡，取名"一柱屋"，在山洞里过起了拒官生活。

尽管王冕躲到了象鼻岩山的洞中，但是胡大海还是带着朱元璋的委任状，把王冕的躲藏地点找到了。但是，胡大海来到象鼻岩下时，却看到洞上挂着一块木匾，上面写着"白云庵"三个大字。一推开洞门，只见王冕双目微闭，双手合十，正襟危坐在一个蒲草团上，口中还念念有词。

见此情景，胡大海便明白了王冕的意思，王冕这是表示自己已经出家了，出家人四大皆空，自然不可能去给朱元璋当什么咨议参军。

再拒朱元璋

公元 1359 年，东南骚动。朱元璋提兵破浙江方国珍，派胡大海攻绍兴，屯兵九里山。村里的人都慌忙逃命，唯独王冕没有行动。当时王冕正病卧在床，面对进来的士兵，王冕从容地说："我不认识谁是朱元璋。"

士兵把他抬到天章寺胡大海处，胡大海请王冕上坐，向王冕请教治世的策略，王冕冷冷地道："大将军高明远见，不需要乡民多说。如果以仁义服人，何人不服，如果以武力服人，没有谁肯服气。我绍兴是秉义之地，你要我教你们如何杀我的父亲兄弟，我是万万做不到的。这句话如若你能听得进去，便也是改过从善了。如果不能听，就请立即杀了我。"

胡大海被王冕说得无话可说，只能安抚王冕，叫他不要多说了。

谁知第二天，王冕便病危，没过几天，就逝世于天章寺。

胡大海将其葬于山阴兰亭之边，碑上还恭敬地题有"王先生之墓"五个大字。

中国画的分类

中国画"划分三科",即人物、花鸟、山水。所谓"划分三科",是概括了宇宙、思想和人生的三个方面。

人物画所表现的是人类社会,指的是人与人之间的关系;山水画所表现的是人与自然的关系,将人与自然融为一体;花鸟画则是表现大自然的各种生命,与人和谐相处。三者之合构成了宇宙的整体,是艺术升华的哲学思考,也是艺术的真谛所在。

此外,唐代张彦远《历代名画记》分六门,即人物、屋宇、山水、鞍马、鬼神、花鸟等;北宋《宣和画谱》分十门,即道释、人物、宫室、番族、龙鱼、山水、鸟兽、花木、墨竹、果蔬等;南宋邓椿《画继》分八类,即仙佛鬼神、人物传写、山水林石、花竹翎毛、畜兽虫鱼、屋木舟车、蔬果药草、小景杂画等。

元朝

元曲四大家

关汉卿、白朴、马致远、郑光祖代表了元代不同时期、不同流派的杂剧创作，他们被称为"元曲四大家"。他们的作品主题鲜明，人物性格丰富生动，曲词精美绝伦，在戏曲和文学发展史上均有深远的影响。

关汉卿

关汉卿，号已斋，也称作一斋。汉卿是他的字，他是元代著名的戏曲大师。贾仲明《录鬼簿》悼词称他为"驱梨园^①领袖，总编修师首，捻杂剧班头"。

关汉卿出生于医户家庭，金国时山西南部地区戏曲活动兴盛，即使在金国末年也未减弱，故关汉卿从小就受戏剧的熏染，喜欢

---

①梨园：据说唐玄宗曾教乐工、宫女在"梨园"演习音乐舞蹈，后来沿用梨园为戏院或戏曲班社的别称。

204

参加戏曲班社的活动。

元朝建立后,定都大都,大都成为当时政治、经济、文化的中心。关汉卿来到大都后,在这里专事戏剧活动。他的剧本《伊尹扶汤》,经过认真排演后,拿到宫廷献演,得到了皇帝和官员们的称赞,关汉卿由此声名大震。

关汉卿一生编有杂剧六十七部,现存十八部,其中《窦娥冤》《救风尘》《望江亭》《拜月亭》《鲁斋郎》《单刀会》《调风月》等都是他的代表作。关汉卿的散曲全收在《金元散曲》中。

白朴

白朴,原名恒,字仁甫,后改名为朴,字太素,号兰谷。

白朴出身于官僚士大夫家庭:他的父亲白华为公元 1215 年进士,官至枢密院判;仲父白贲为金章宗泰和年间进士,曾做过县令;叔父虽然很早就去世了,但是诗却很有名。

白朴出生后不久,金国的南京汴梁便被蒙古军包围。位居中枢的白华为金国的存亡而奔忙,只得把家人留在汴京,只身随金哀宗渡河而上。后来金国灭亡,白华又投降南宋,做了均州提鲁。然而不久,南宋均州守将投降元朝,白华遂北投元朝。公元 1237 年,白朴十二岁。白华和金国的一些亡命大臣来到真定,依附在守护真定的蒙古将领史天泽门下。

蒙古统治者的残暴、掠夺，使白朴与母亲失散，致使他常有山川满目之叹，更感到为统治者效劳的可悲。因此，他放弃了官场名利的争逐，自称亡国遗民，以替人作诗、填赋为业，用歌声宣泄自己胸中的郁闷。

元人钟嗣成《录鬼簿》著录，白朴写过十五部剧本。现在仅存《唐明皇秋夜梧桐雨》《董秀英花月东墙记》《裴少俊墙头马上》三部，以及《韩翠颦御水流红叶》《李克用箭射双雕》的残折，均收入王文才《白朴戏曲集校注》一书中。

马致远

马致远约生于公元 1250 年，约公元 1321 年去世，是元代著名的杂剧家。

马致远著有杂剧十六部，存世的有《江州司马青衫泪》《破幽梦孤雁汉宫秋》《吕洞宾三醉岳阳楼》《半夜雷轰荐福碑》《马丹阳三度任风子》《开坛阐教黄粱梦》《西华山陈抟高卧》七部。他少年时追求功名，未能得志。晚年退隐田园，过着"酒中仙、尘外客、林间友"的生活。

马致远的《汉宫秋》把汉和匈奴的关系，写成衰弱的汉朝被强大的匈奴压迫，把昭君出塞的原因，写成毛延寿索贿不成，故意在画像时丑化王昭君，事败后逃往匈奴，又引来匈奴强行索要王昭君，把汉元帝则描写成一个软弱无能、被群臣所挟制的多愁善感、深爱昭君的懦弱皇帝，昭君的结局，则改写成在汉与匈奴交界处投江自杀。

所用的手法是假借一定的历史背景，加上大量的虚构背景，使之带上浓重的故事色彩。

马致远的散曲作品也颇负盛名，现存辑本《东篱乐府》一卷，收入小令一百零四首，套数十七套。其杂剧内容以神化道士为主，剧本全都是涉及全真教的故事。

郑光祖

郑光祖，字德辉，平阳襄陵人，生卒年不详。他是元代著名的杂剧家和散曲家。

郑光祖早年以习儒为业，后来补授杭州路为吏，因而南居。他为人方直，不善与官场人士交往，因此官场诸公都瞧不起他。但杭州风景秀丽，再加上杭州的伶人、歌女不断地触发郑光祖的艺术灵感，他便开始从事杂剧创作。

郑光祖一生写过十八部杂剧剧本，主要写青年男女的爱情故事和历史题材故事。他的题材离现实较远，流传至今的有《迷青琐倩女离魂》《刍梅香骗翰林风月》《醉思乡王粲登楼》《辅成王周公摄政》《虎牢关三战吕布》等。

他的代表作《迷青琐倩女离魂》讲的是唐朝秀才王文举与倩女指腹为婚，但不幸的是，王文举父母早亡，倩女的母亲想悔婚，便准备以王文举无法中进士为借口，退掉这门婚事。

不料，倩女却忠于爱情。王文举和倩女在柳亭分别时，倩女的魂魄便离了身，跟随着王文举一起来到京城。后来，王文举中了状元。三年后，王文举准备从京城启程到任上任职，顺路去探望岳母，并写了一封信告诉倩女的父母，称自己要同倩女一道回乡探望二老。王文举偕同倩女的魂魄回到倩女身边，倩女的魂魄与身体又合为一体，这一对恩爱夫妻才得以团聚。

郑光祖一生从事于杂剧的创作，在当时的艺术界享有极高的声誉。他与苏杭一带的伶人有着紧密的联系，这些伶人尊称他为郑老先生。郑光祖死后，是由伶人把他火葬于杭州的灵隐寺中。

除了杂剧外，郑光祖的曲词流传至今的还有六首小令、二曲套数。内容包括对陶渊明的歌颂，即景抒怀、对故乡的思念，以及江南荷塘山色的描绘等。无论写景还是抒情，他的曲词清新流畅、婉转妩媚，有极高的研究价值。

马致远改名

马致远原名视远，元初时在家乡就以聪明好学而小有名气。为开拓自己的前程，他决定离家远行。临行前，他到县城的铁佛寺内去参拜铁佛。

东光的铁佛在远近颇具盛名，而且寺里僧侣的学问都很高。马致远拜罢铁佛后，问长老："小生名叫视远，想学一点东西，可是因为家里贫寒，无人能教，求长老给赐个名字，以促进学业！"

长老见他气宇不俗，便教导他说："非淡泊无以明志，非宁静无以致远。你生于东篱，志在千里，他日定成大器。但须牢记，才为民所有，不图富贵。"

从此，"马视远"改名为"马致远"，号东篱。

六月飞雪窦娥冤

关汉卿的剧作《窦娥冤》中讲的是穷书生窦天章为了还高利贷，将女儿窦娥抵给蔡婆婆做童养媳，后来被冤枉致死，最终得以平反昭雪的故事。故事引起了人们的广泛共鸣，不论是故事的出版物还是演出表演，至今都广为流传。这样精彩的故事，关汉卿究竟是怎样表现的呢？

故事起源

《窦娥冤》的故事源于《列女传》中的《东海孝妇》。但是，关汉卿并没有局限于写为东海孝妇平反冤狱的传统故事，而是紧扣当时的社会现状，以这段故事为引子，真实而深刻地反映了元朝统治下的中国社会极端黑暗、极端残酷、极端混乱的悲剧时代。

这是元杂剧中最著名的悲剧，也是世界有名的悲剧。剧中对政治黑暗与腐败的揭露，十分具有社会意义。有记载说：当时社会风气很坏，做官的人习惯性贪污，同盗贼没有什么区别。他们不仅自己不感到耻辱，就连普通人也不以此为怪。因此，在这种情况下，冤狱、冤案极多。仅公元1303年一年时间里，发生的冤案就达五千一百七十六件，因贪赃过错被革职的官员有一万八千四百三十七人。

在这样的社会，普通百姓备受压迫、欺凌。窦娥的悲剧发生在这样的时代背景下，也就有了必然性。

窦娥的故事

流落在楚州的秀才窦天章，因欠当地蔡婆婆连本加利四十两银子无力偿还，只得将自己七岁的独生女儿卖给蔡婆婆做童养媳。此后，窦天章得了蔡婆婆十两银子作路费，自己赴京赶考去了。

十三年后，蔡婆婆迁居山阳县。窦娥与蔡婆婆的儿子结婚后，没过多久蔡婆婆的儿子就死了，窦娥只能和蔡婆婆相依为命。

一天，蔡婆婆向赛卢医讨债，赛卢医把蔡婆婆骗到郊外，企图勒死她。恰巧被流氓无赖张驴儿和他的父亲遇见了，两人遂将蔡婆婆救下。

张氏父子得知蔡婆婆家里只有婆媳两人，且都是寡妇，就强迫她们婆媳嫁给他们父子。蔡婆婆无奈，把张驴儿父子带到家中。张驴儿死赖着不走，逼迫窦娥与他成婚，窦娥坚决不从。

一次，张驴儿趁蔡婆婆生病，向赛卢医讨来毒药，暗中放在窦娥为蔡婆婆做的羊肚儿汤中，想毒死蔡婆婆，逼窦娥允婚。不料蔡婆婆那日呕吐没胃口，便把汤让给了张驴儿的父亲，张父因此一命呜呼。张驴儿反咬一口，诬陷窦娥杀人，借机逼婚。张驴儿逼婚不成，一气之下便将窦娥告到官府。

楚州太守桃杌①是个贪官污吏，根本不听窦娥的申诉，要用重刑拷打。窦娥怕年老的婆婆受不住拷打，就一人承担了罪名，被判处死刑。

窦娥被押上了刑场，她有冤难诉，气得指天骂地，并且连发下三桩誓愿：一要被斩后鲜血飞上白练，半滴不落尘埃；二要六月降雪，掩埋尸骸；三要楚州三年大旱，以示惩罚。结果，这三桩誓愿在窦娥死后都实现了，由此也证明了窦娥的冤屈。

窦娥死后的第三年，寻找女儿多年的窦天章以提刑肃政廉访使的职务来到楚州视察刑狱，审理案卷、检查贪官污吏。这时，窦娥的冤魂出现，向父亲痛诉冤情。窦天章这才将张驴儿、赛卢医、桃杌等人捉拿归案，使奸人受惩，窦娥的冤案得以平反昭雪。

艺术特点

关汉卿是一位杰出的戏剧大师，他的才能不仅表现在人物形

---

①杌：wù。

象的塑造和现实主义、浪漫主义相结合的手法上，还表现在语言的运用方面。他的戏剧语言，历来的评论者都认为是"字字本色"，人们推他为本色派之首。

所谓本色，就是不事雕琢、朴实自然，既有生活气息，又有艺术韵味。他写的唱词精炼生动，对白也自然活泼，二者紧密配合，紧扣剧中人物的身份、地位，使人物的性格更加鲜明。如第三折中的《端正好》《滚绣球》两支曲辞，不用典故，不饰辞藻，明白如话，直抒胸臆 ①，恰当地表现了窦娥冤屈悲愤的心情，而又不失珠圆玉润、酣畅淋漓的韵文之美。

善于巧妙地编织戏剧冲突，使人物形象在冲突中更加鲜明，同时使剧作结构严谨，是关汉卿剧作的又一特色。关汉卿是一位富有舞台经验的作家，因此在《窦娥冤》这部作品中，他很注意结构的安排。

他在剧中安排了许多错综复杂的矛盾，如：蔡婆婆与窦天章父女；蔡婆婆与窦娥；蔡婆婆与赛卢医；窦娥、蔡婆婆与张氏父子；张氏父子与赛卢医；窦娥与桃杌；窦天章与张驴儿、赛卢医、桃杌等，一系列矛盾交织在一起，引起了戏剧冲突。在冲突中，人物性格越发鲜明，剧情越发紧凑。窦娥的反抗性格，就是随剧情的发展而逐步展现的。

---

①胸臆：臆，yì。胸臆，内心深处的想法。

关汉卿装疯卖傻

关汉卿的作品多是揭露封建官场腐败、社会黑暗，讴歌人民对封建礼教的抗争精神的佳作。元朝统治者认为关汉卿蛊惑民众，便一直通缉他。

一天夜里，关汉卿遇上了巡夜的捕快。

捕快问关汉卿："你到哪里去？"

关汉卿便自言自语，唱着道："三五步走天下，七八人统领千军。"

捕快平时爱听戏，认出了关汉卿，便问："你是不是唱戏的？"

关汉卿急忙抢过话茬，说："你看我非我，我看我，我亦非我；我装谁像谁，谁装谁就像谁。"

捕快犹豫了。若是捉拿了关汉卿，自己以后可就听不到他的戏了；但若是就这么放了，五百两赏银又拿不到。

关汉卿见状便说："台上莫逞强，纵使厚禄高官，得意无非俄顷事；眼下何足算，到头来抛盔卸甲，下场还是一般人。"

捕快只得骂道："我看你是精神病！"骂完便转身走了。

元朝的四等人制度

在元朝，人被分为四种：蒙古人、色目人、汉人、南人。
这四种人的地位差异极大，元朝统治者为了维护自己的稳
定统治，保证蒙古人的优越地位，对汉人和南人都进行压迫。

四等人制度起源

公元 13 世纪中叶，热闹的元大都人来人往。突然，从闹市的
角落里传出一声惊呼："打死人了！"

原来，两个蒙古人喝醉后在大街上吵了起来，两人一怒之下拔
出腰间的大刀就开打。结果他们两人没受伤，旁边路过的两个人却
被砍死了。这两个死者，一个是色目人，一个是汉人。

杀人凶手和死者的尸体都被送到官府，死者的家属也被通知到
堂。官府的断事官仔细询问了案件的经过，最后做出宣判：杀死色

目人的那个蒙古人罚黄金四十巴里失①，杀死汉人的那个蒙古人罚一头毛驴价钱的罚款。

两个蒙古人交了罚金后，就得意扬扬地离开了官府，留下死者的亲人痛哭流涕。周围的人劝道："别哭了，谁让咱们汉人的地位低呢？一条命就值一头毛驴的价钱！"

"那要是汉人杀了蒙古人呢？"死者家属不服气。

"那就得偿命！"

"啊，真是不公平啊！"

这个小故事说的就是元朝实施的四等人制度。在故事中，蒙古人杀死色目人和汉人所需要赔偿的金额是从成吉思汗时期就定下来的。从有关元朝的一些史料中可以看出，元朝的确实行四等人制度。

元朝统治者把全国人划分为四个等级，即蒙古人、色目人、汉人、南人，其中：第一等是蒙古人，拥有各种政治、经济和法律上的特权，地位最高；第二等是色目人，包括西域各族、西夏人以及中亚、东欧来到中国的一部分人；第三等是汉人，是指原来金国统治下的各族人民，包括汉人、契丹、女真、渤海、高丽等；第四等是南人，专指原来南宋统治下的汉人和其他各族人民，社会地位最低。

---

①巴里失：货币名，成吉思汗时代蒙古的货币单位。

四等人地位差异

元朝为了笼络汉人中的地主、士人阶层，也采取了科考制度。但是，元朝的科考很有特色，可以说是最不公平的考试制度。

元朝科考制度规定，科举考试的每一级考试，蒙古人和色目人都要与汉人、南人分开考。在乡试、会试时，蒙古人和色目人只考两场，而汉人和南人必须考三场。最后一场御试时，虽然考试的题目数量一样，但是蒙古人和色目人只需要回答五百字以上即可，而汉人和南人则必须回答一千字以上。

从考试的难易程度上来说，汉人和南人的题目更难。最关键的是，表面上四种人的录取人数是一样的，但据统计，蒙古人和色目人加起来才一百多万，而汉人有一千万，南人则有六千万。即使汉人和南人通过科举考试获得了做官的资格，那也并不意味着他们从此就能改变被歧视的命运。

因为按照元朝的规定，各级达鲁花赤，也就是各级最高行政长官，只有蒙古人才能担任。如果有汉人当了达鲁花赤被发现，立刻就会把任命书收回，这个人也再也没有做官的机会了。

不过汉人还是有一个机会可以做达鲁花赤的，那就是就任的地方条件太艰苦，气候又恶劣，蒙古人根本不愿去或者不敢去赴任达鲁花赤的职位时，汉人才有机会坐这个位置。

既然做官这么难，那就不做官，做普通老百姓吧！可是，在元朝做普通老百姓，只要你是汉人或者南人，就意味着更加悲惨的命运。

首先，蒙古人作为征服者，他们很担心被征服者拿起武器反抗。为了把这个可能性降到最低，他们规定禁止汉人、南人持有武器。

汉人、南人老百姓家里的铁尺、铁拐杖，甚至家里用来叉稻草的铁禾叉都要被没收，最离谱的是，菜刀也被看作武器。可是菜刀是日常生活不可缺少的东西啊，蒙古人就规定五家人共用一把菜刀。而庙宇里供神用的鞭、筒、枪、刀、弓箭、锣鼓、斧、钺等也被禁止，全部没收归公。

除了不能持有武器，汉人还不能打猎，不能学习武术，不能集会拜神，连赶集做买卖都不可以，也不可以走夜路。

而且汉人和南人随时可能从自由人身份变为奴隶，统治者连声招呼都不用打。蒙古大汗很喜欢赏赐田地人口给皇亲国戚，田地人口就包括农民视若生命的农田，还有农民自己。汉人可能晚上刚从自己的田里劳作回来，然后睡了一觉起来却发现自己变成了某个皇亲国戚的农奴，祖宗传下来的农田成了蒙古主子的地盘。更关键的是，蒙古主子随时可以把他们从农田里赶走，然后把农田变成草地。

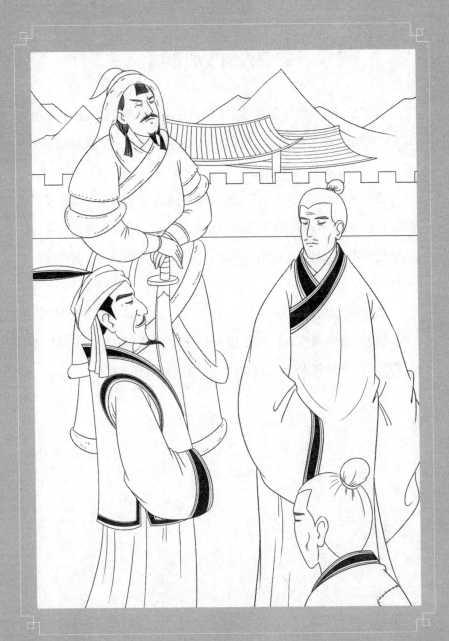

四等人制度的影响

元朝是一个少数民族建立的王朝，也是一个多民族聚居、幅员广阔的国家。在灭亡金国后，蒙古境内出现了较大的民族间和区域间经济、文化的差别，灭亡南宋后，这种区域间的不平衡进一步扩大。

蒙古统治者实行四等人制度，主观上都是想极力保持蒙古民族的优势，使他们能够长久地实现统治。所以他们尽可能地优待蒙古人，使蒙古人在经济、政治、军事、法律、文化教育等方面都优于其他人。

但这种泾渭分明的人种差异制度，给汉人和南人造成了严重的身心伤害，也让汉族人对蒙古统治者充满了怨言和愤怒。这种不满日积月累，最终带来的就是百姓揭竿而起、推翻元朝。

元朝第二个汉人丞相

在元朝历史上，只有两个汉人当过丞相，一个是元初的史天泽，他是跟着窝阔台、忽必烈打天下的人，自然受重用，另外一个就是贺惟一。

贺惟一是汉人，但是他忠于蒙古人。他本姓贺，后来改名叫拓跋太平，当上了蒙古人的丞相。但是即使坐到这个位置，他在那些蒙古大臣眼里，也不过是一个低等的汉人而已。

国舅太不花就对贺惟一当左丞相这件事很不满，他说："我没有对不起朝廷，朝廷却对不起我。贺惟一不过是一个汉人，就能在朝廷里担任要职、安享逸乐，而我却要在外面辛勤奔劳！"

脱脱也曾弹劾贺惟一，说贺惟一身为汉人，他的儿子没有资格娶宗室女子为妻。

蒙古人如何娶亲

公元 13 世纪前，蒙古族社会多半为抢婚制。如成吉思汗的父亲也速该能和诃额仑成亲，就是靠的抢婚。公元 13 世纪以后，蒙古族进入封建社会，普遍实行聘婚制，但仍有抢婚制的残余，在部落间的战争中，抢婚或掠夺婚仍屡见不鲜。

求亲

青年男女在定亲之前，男方都要向女方求亲。新中国成立前，通常是由男方的父母或委托的媒人到女方家里求亲。如果女方同意了，就可以定亲。

按蒙古族的传统婚俗，男方须多次向女方求亲，才能得到女方的允诺。

《蒙古秘史》卷一中记载：也速该带领儿子铁木真到德·薛禅家求亲。德·薛禅说："多求几遍，才许给。如果一求便答应了，会被人瞧不起。"后来蒙古便有一句谚语："多求则贵，少求则贱。"

求亲成功后，男方要带上哈达 ①、奶酒和羊五叉或全羊到女方家"下定"。女方则请亲友陪客人饮酒，表示正式定亲。

聘礼

青年男女定亲后，由男方家送给女方家礼品，又叫彩礼。聘礼的多少由男方家的经济情况决定，家庭条件好的多以金银首饰、柜子、衣物为聘礼，家庭条件一般的家庭，比如牧民等，则常以牛、马、羊等牲畜为聘礼。

牧民视"九"为吉祥数，聘礼也会以"九"为起点，从"一九"到"九九"，最多不得超过八十一头，取"九九"便是长寿的意思。

贫困牧民不具备九的倍数牲畜的聘礼，也可以选择小于九的奇数，以三、五、七头牲畜为聘礼，但绝不能选择偶数。

蒙古族还非常讲究陪送嫁妆。男方送多少聘礼，女方就要陪送相应数量的嫁妆。通常是女方陪嫁的东西，要比男方送给女方家的东西多。因此，蒙古族有一句俗语："娶得起媳妇，聘不起

---

①哈达：藏族和部分蒙古族人表示敬意和祝贺用的长条丝巾或纱巾，多为白色，也有黄、蓝等色。

姑娘。"

蒙古族的男女两家定亲后，首先要请喇嘛占卜，选择吉日，确定结婚日期。吉日择定后，由男方家派媒人和亲友带上哈达、美酒、糖果等礼品前往女方家，同女方父母商谈结婚事宜。谈妥后，男女两家就开始准备婚事。

这个准备一般就是打扫喜房，或新搭蒙古包，同时还要宰牛杀羊，准备聘礼、嫁妆和新郎、新娘结婚的用品，以及通知双方亲朋好友参加婚礼。

娶亲

蒙古族娶亲非常隆重，并且还保留着男方到女方家投宿娶亲的传统婚俗。娶亲一般是在结婚喜日的前一天。

新郎在欢乐的气氛中，身着鲜艳的蒙古长袍，腰扎彩带，头戴圆顶红缨帽，脚蹬高筒皮靴，佩带弓箭。伴郎也要穿上节日的盛装，一同骑上马，携带着彩车和礼品前往女方家。

娶亲的人到了女方家后，要先绕着女方家的蒙古包转一周，并向女方家敬献一只"碰门羊"和其他礼物。然后，新郎和伴郎手捧哈达、美酒，向新娘的父母、其他长辈逐一敬酒，行跪拜礼。

仪式结束后，娶亲的人就入席就餐。到了晚上，又摆羊五叉

宴席，并举行求名问庚仪式。到第二天清晨，娶亲的人要起程时，新娘则由新娘的叔父或姑夫抱上彩车，新郎则骑马绕新娘乘坐的彩车转三圈，然后才能在娶亲的人和送亲的人的陪伴下一同起程离去。

在娶亲的路上，娶亲者和送亲者纵马奔驰，互相追逐，都想争先到家成为优胜者，为此，双方在途中要进行叼帽子竞赛。

这个游戏是送亲的人想办法把娶亲的人的帽子抢过来，还要挑在马鞭上，或者扔到地上逼着新郎下马去捡，以影响新郎前进的速度。为了能抢到帽子，娶亲者之间通常会彼此掩护，不让对方去抢。双方一路上你追我赶，互相嬉戏，具有浓郁的草原生活气息。

婚礼

蒙古族的婚礼仪式，不同的地区，形式各有差异，但都非常隆重、热闹。一般牧区的婚俗是，当娶亲者回到男方家后，新郎、新娘不下车马，先绕新郎家的蒙古包三圈。

新郎、新娘进入蒙古包后，首先拜佛、祭灶，然后再拜见父母和亲友，最后，由梳头的额吉给新娘梳头。梳洗换装后，婚宴便开始了。婚宴通常摆设羊背子或全羊席，各种奶制品、糖果等。

　　婚宴上，新郎要提银壶，新娘捧银碗，向长辈、亲友逐一敬献哈达和喜酒。小伙子们高举银杯开怀畅饮，姑娘们则伴随着马头琴放声歌唱。婚宴往往要持续两到三天的时间，女方送亲的人还要留人陪新娘住上一到三日。有时新娘的母亲也要送亲，并要在新郎家住上十多天。

　　尽管蒙古族各地拜火的形式有所不同，但在婚礼上都是不可缺少的内容。

　　新娘嫁到新郎家后，首先要举行拜火仪式。新郎、新娘从两堆旺火之间双双穿过，接受火的洗礼，使他们的爱情更加纯洁。

成吉思汗的直系后代

据估算，目前全世界有约 1700 万人是成吉思汗的直系后代，约占全球人口的 0.2%，其中甚至包括英国皇室。

牛津祖先基因检测公司 2004 年启动了名为"Y-Clan"的服务，专门为确认成吉思汗后代而设计，价格为 180 英镑。

成吉思汗第一个高加索后裔在欧美被发现后，欧美掀起了一股成吉思汗热潮。人们开始重新审视这位"无论走到哪里都要征服一切"的帝王，开始研究他的军事谋略和政治统治。

不过赛克斯教授说，这个发现不仅证明了成吉思汗拥有的疆土非常广阔，更重要的是，说明了人类种族之间本就是紧密联系的，不存在"纯种"种族。各种族之间都是平等的，没有高低之分。

元代青花瓷

青花瓷产于唐代，兴盛于元代。青花瓷一改传统瓷器含蓄、内敛的风格，以鲜明的视觉效果，给人以简洁明快的感觉，以其大气、豪迈的气概和艺术原创精神，将青花绘画艺术推向顶峰，确立了后世青花瓷的繁荣与长久不衰。

发现过程

青花瓷在中国陶瓷发展史上，是继青瓷、黑瓷、青白瓷和彩瓷之后又一朵盛开的奇葩，是中国陶瓷发展史上最辉煌的一页，也是世界文化艺术宝库中一颗璀璨的明珠。

青花瓷一出现，就以色调清新、纹饰素雅、釉色莹润、色彩雅致而受到全世界人民的喜爱。青花瓷在我国众多种瓷器中独树一帜，历经元、明、清三代，直至今天，繁荣了七百多年，依然经久不衰，在中国和世界陶瓷史、文化史、艺术史上，都有非常重要的地位和影响。

　　然而，20 世纪 20 年代前，元青花还不为人所知，国内外馆藏的元青花多数被认为是明青花。人们对元青花的研究，是于 20 世纪 50 年代才开始的。

　　公元 1929 年，英国人霍布逊从大英博物馆收藏的青花瓷中发现了一对带有公元 1351 年铭款的青花云龙纹象耳瓶。该瓶的瓶身绘有缠枝菊、蕉叶、飞凤、缠枝莲、海水云龙、波涛、缠枝牡丹及变形莲瓣等八层纹饰，且有"至正十一年"的确切纪年。至正是元顺帝的第四个年号，也是元朝的最后一个年号。不过霍布逊公布这一发现后，并未引起人们的重视。

　　直到 20 世纪 50 年代初，美国学者波普博士以青花云龙纹象耳瓶为依据，与伊朗阿迪拜尔寺和土耳其伊斯坦布尔博物馆收藏的众多青花瓷进行对比，并划出七十四件与之风格相似的景德镇 14 世纪生产的青花瓷，定名为"至正型"青花。此后，他专门就此出版了两本专著，掀起了研究元青花的热潮。

　　公元 1949 年后，随着考古工作的进展，国内陆续出土了一批元代青花瓷，据不完全统计，有百余件之多。

　　公元 1978 年，浙江杭州元代郑氏墓出土了三件观音塑像。这三件观音塑像青白釉下用青花、褐彩描绘发、眼、眉、服饰，胸前的蓝色如意纹清晰可见。

公元 1980 年，江西九江墓出土了公元 1319 年的青花塔式盖罐，肩部有两两相对的狮首、象首堆塑。该瓷器为青白釉，下用青花分饰云肩、牡丹、莲瓣纹，器盖做七级塔式，在塔身突起及转折处用青花加绘线条。

公元 1979 年，江西丰城凌氏墓出土公元 1338 年的四件青花釉里红器物。尤其是一件楼阁式谷仓，突出部位施釉里红，仓后还有青花墓志铭一篇。由墓志铭得知，墓主人凌氏生于公元 1284 年，死于公元 1338 年，因此这四件器物均为公元 1338 年所制。

这些青花瓷器，特点是施青白釉，不是典型的至正型透明釉；其次，瓷器上的青花色泽蓝中带灰，不如至正型蓝色纯正；再就是纹饰比较简单，没有至正型纹饰复杂。人们把这一类青花瓷器称为"延祐型"。

元青花特色

元代瓷器的造型主要有罐、瓶、执壶、盘、碗、匜①和高足杯。

罐是元代常见器物，有两类。一类为直口，溜肩，肩以下渐渐变宽，或变舒展，到了腹部最大处再内收，平底。这类罐的口

————————

① 匜：yí。古代盥洗时舀水用的器具，形状像瓢。

径与足径大致相同，整体造型矮胖，看起来非常稳固。另一类是直口、短颈、溜肩，有些附贴铺首，平底。这类罐的足径一般大于口径，整个器型稍显瘦长。罐一般有盖，盖顶装饰狮钮者居多。

瓶类以梅瓶、玉壶春瓶为常见。

执壶以玉壶春瓶为壶身，流（壶嘴）贴附在腹上，较宋代长，高度与壶口平行。为便于流水，瓶口向外倾斜。僧帽壶、多穆壶是元代创新壶式，具有强烈的少数民族风格。到了明清时，仍有烧造。

除上述常见的造型外，元代还有葫芦瓶、象耳瓶、直颈瓶、军持、花孤、盏托、炉等。

元青花的纹饰，分主纹与辅纹两类。瓶、罐的腹部和盘心为主要纹饰，其他为辅助纹饰。常见的主纹饰题材有植物，如松竹梅、牡丹、莲花、菊花、芭蕉、蕃莲、牵牛花、灵芝、海棠、瓜果、葡萄等。动物纹饰有龙、凤、鹤、鹿、鸳鸯、麒麟、狮子、鱼等。辅助纹饰有卷草、锦地、回纹、海涛、蕉叶、莲花瓣、云肩、缠枝花卉等。

元青花的装饰特点是层次多、画面满，但是由于处理得当，主次分明，浑然一体，并不会给人以琐碎和堆砌的感觉。

中国的瓷器

中国是瓷器的故乡，瓷器的发明是中华民族对世界文明的伟大贡献，"瓷器"已然成为"中国"的代名词。大约在商代中期，中国就出现了早期的瓷器。

中国的瓷器是由陶器发展演变而成的，原始瓷器起源于三千多年前。到了宋代，名瓷、名窑已遍及大半个中国，是瓷业最为繁荣的时期。当时的钧窑、哥窑、官窑、汝窑和定窑并称为五大名窑。

被称为瓷都的江西景德镇在元代出产的青花瓷已经成为瓷器的代表。

青花瓷釉质透明如水，胎体质薄轻巧，洁白的瓷体上敷以蓝色纹饰，素雅清新，充满生机。青花瓷一出现便风靡一时，成为景德镇的传统名瓷之冠。